태양신으로 내려오신 하나님의 문양과 만물

태지산물 2

태양신으로 내려오신 하나님의 문양과 만물

태지산물 2

동방 한반도 메시아 정도령 정진인 하나님이다. 대한민국 태지산물 태극기와 세계만국기 또한 닭 4마리 사족오로 이루어진 태극문양 태양에 계신 12분과 닭 4마리 월화수목금토 행성의 환인분들을 모두 합삭하여 제작한 만물의 정도령 정진인과 하나님의 문양이다. 선천시대 하나님. 후천시대 정도령 하나님과 함께 세상사를 구원한다. 본 태극기는 하나님의 변화무상하신 능력이 들어있다. 만병을 다스릴 수 있다. 빙, 신병, 장애, 암, 인간사 알 수 없는 모든 병을 제거할 수 있다. 이긴 자 태양신 동방 한반도 구세주 정도령 정진인 하나님의 믿음으로 인간사 병마를 모두 없애버린다. 특히 사족오 닭 4마리 하나님이 인간사 몸속으로 들어가 모든 병균을 쪼아 박멸시키니 후천시대 인간사가 200세를 살아갈 수 있다.

메시아 정도령….

대한민국 태지산물 태극기

2023. 8. 20. 22:10

　세계일화 정도령 글을 쓰시는 분들께. 가람나무, 감나무로 표기하는데 잘못된 것입니다. 가람나무는 은행나무입니다. 세계일화 동방 한반도 메시아 정도령 정진인 하나님이다. 천택지인 정법으로 세상사를 구원한다. 만물생물은 나의 형제요. 나의 친구요. 태양의 아들 동방 한반도 정도령 선천시대 환인 18분과 4마리 닭이 하나님이었다. 후천시대 하나님은 동방 한반도 메시아 정도령 하나님이다. 본 태극기는 선천시대 하나님과 후천시대 정도령 하나님으로, 세상사를 구원하러 태양신으로 한반도에 내려왔다. 태양에 계신 12분과 월화수목금토 행성의 환인분과 4족오 닭 4마리와 정도령 모두 합삭한 만물의 대한민국 태지산물 태극기요, 후천시대 영원한 태극기다. 천명으로 지구 인간사에 명하노라.

천택지인 정법으로 세상사를 구원

2023. 8. 12. 6:05

　대한민국 태지산물 태극기는 동방 한반도 메시아 정도령 정진인 하나님이다. 천택지인 정법으로 세상사를 구원한다. 만물생물은 나의 형제요 나의 친구요, 후천시대는 지금 현실의 무기가 필요 없다. 생명체와 인간사 살상용의 핵무기들 아무 필요 없다. 인간사가 만들어 놓은 무기들은 동방 한반도 메시아 정도령 하나님에게는 통하지 않는 쓸모없는 무기류다. 핵무기는 모두 없애버릴 것이다. 20년 안팎으로 해체할 것을 천명으로 공시한다. 그렇지 않을 시에는 큰 재앙을 줄 것이다. 정도령 하나님의 말을 믿지 못하면 죽게 되고, 믿게 되면 살리라. 이미 인간사 생명을 200세로 연장시켜 놓았다. 지금 현실의 살아가는 인간사도 20~30년은 더 살다가 풍비박산하리라. 동방 한반도 정도령, 미국 영토를 동서로 반을 가른다. 애초의 환인분의 영토는 크지 않았다. 무력으로 빼앗은 영토를 분산시킨다. 정도령.

태지산물

세계만국기 세계 평화와 화합으로 평등세상으로

천택지인잔법으로 세상사를 구원한다
이건자 통방합반도 구세주 정도령

빛의 영원 하나님의 형상회
하나님이다 메시아 정도령 정진인

정 도 령

우주만물과 자연의섭리
형보골거즘 화합으로
만국일통은 나의친구요 나의형제요

세상사를 정리정돈 하는 태양신

2023. 8. 11. 12:07

동방 한반도 메시아 정도령 정진인 하나님이다. 선천시대 환인 하나님분들은 약 6500년을 사족오와 함께 하나님으로 우주 만물과 세상사를 다스려 지금의 이르렀다. 모든 것을 내려놓고 후천시대 하나님 동방 한반도 메시아 정도령에게 위임하여 지구 세상사를 정리정돈 하게 하려고 태양신으로 내려왔다. 후천시대 하나님으로, 이긴 자 한반도 메시아 정도령. 지금 현실의 인간사는 구세인 정도령을 아무도 모른다. 믿어주는 사람도 없고, 알아주는 이도 없다. 이긴 자 정도령은 혼자서 하염없이 영혼마귀, 잡귀, 병마귀 등을 인간사로부터 뽑아내어 천지와 지천공사를 하며 근로자로 살아간다. 이 블로그의 모든 글은 대한민국 태지산물 태극기『태지산물』책 2편에 수록한다.

천지공사와 지천공사

2023. 8. 10. 6:03

　동방 한반도 메시아 정도령 정진인 하나님이다. 베이징 쪽으로 부글부글 끓는 물은 백두산 땅속의 용암 마그마수가 흘러나오면서 생기는 현상이다. 또한 한반도 고구려 땅을 찾기 위하여 몽골에서부터 가르는 중이다. 약 20년이면 완벽한 한반도 지도가 형성된다. 동방 한반도 메시아 정도령 이긴 자의 의하여 천지공사와 지천공사는 계속된다. 영혼, 마귀, 잡귀, 병마귀, 곤충의 영혼, 조류의 영혼, 식물의 영혼 등등 모두를 이긴 자 정도령의 천명으로 세상사를 바꾸는 천지공사와 지천공사를 계속하고 있다. 신의 세계를 정복한 자, 동방 한반도 메시아 정도령.

11

대한민국 남북의 통일의 날

2023. 8. 7. 5:05

동방 한반도 메시아 정도령 정진인 하나님이다. 2030년 6월 25일은 대한민국 남북의 통일의 날 된다. 통일을 하고 나면 북한 땅값은 대한민국 정부 공시가 100원으로 책정한다. 후천시대는 부동산 투기가 없다. 또한 부정 부조리를 모두 없애버리겠다. 부정·부조리는 대한민국 국가를 망치는 파렴치한 사기꾼이다. 대한민국에는 부정 부조리와 사기꾼이 너무 많다. 앞으로 대한민국에는 부정·부조리와 사기를 치는 사람들의 형제분들까지 재산을 몰수할 것이다. 대한민국 역대 대통령과 국회의원분들부터 정치를 잘못하였기에 대한민국 국민성이 올바르지 못하고, 도둑놈의 심보로 사기행각을 벌이며 살아옴에 대한민국이 망가지고 세상사가 망가져 난세에 이르게 되었다. 동방 한반도 메시아 정도령 하나님이 모든 것을 해결한다. 천지공사와 지천공사가 진행 중이요, 18년 5개월이면 공사가 끝이 난다. 대한민국 태지산물 본 태극기는 이긴 자 정도령 하나님이다. 본 태극기를 보고 무서워하는 사람들이 많다. 그런 사람들 몸속에는 마귀, 잡귀 등의 영혼이 들어있기 때문에 무서워한다. 자기 몸속의 영혼 등이 태극기로 빨려가기 때문에 무서워한다. 허나 이긴 자는 모든 영혼의 신을 이긴 자다. 인간사하고 이별, 작별을 하여 천지 밖으로 내보낸다. 이러한 뜻이 후천시대다. 한반도 정도령은 많이 성숙되어 있으나 앞으로 3년 이내의 완벽한 정도령의 모습을 보이게 될 것이다. 정도령….

14

대한민국 한반도 인간사 뿌리 1호

2023. 8. 5. 5:59

동방 한반도 메시아 정도령 정진인 하나님이다. 현재 쓰고 있는 건곤감리 태극기는 역대 중국의 문왕과 복희의 「팔괘도」에서 뽑아서 만들어진 태극기다. 중국에서 한반도 조선을 중국의 소국으로 여겼기 때문의 「팔괘도」를 사용하여 만들어 사용하게 된 것이다. 엄연한 사실은 중국이 조선침략으로 속국을 만든 것이다. 잘못된 것이다. 고구려와 한반도는 환인 한 분의 영토로 인간사가 번창하였다. 중국 또한 환인 한 분이 인간사를 번창하였으나 싸움 때문의 나라가 커져있을 뿐이다. 12분의 환인은 아시아, 유럽 등 각기 분포되어 인간사를 번창시켰다. 환인 18분 중 제일 먼저 인간을 탄생시킨 한 분이 고구려와 한반도에 살게 된 것이다. 애초의 환인 18분은 소년 시절은 모두 같이 자란 고구려 한반도 땅이었다. 애초부터 대한민국 한반도 인간사 뿌리 1호다. 중국은 대한민국을 보상하여 주어야 한다. 고구려 영토는 대한민국으로 돌려주고 옛 잘못을 사과와 함께 보상하고, 고구려 땅에 살고 있는 중국의 국민은 중국 본토로 이주하시오. 이주를 안 하시면 대한민국 국민으로 편입할 것입니다. 고구려 땅값은 대한민국 정부 공시가 100원으로 할 것이다. 약 20년이면 몽골에서부터 베이징 앞으로 갈라서 서해를 넓힐 것이다. 동방 한반도 구세주 정도령 하나님의 아들 태양의 아들 이긴 자 후천시대 메시아 정도령 하나님이다. 천명으로 글을 올립니다. 정도령….

16

만물생물은 나의 형제요 나의 친구

2023. 8. 4. 6:23

　동방 한반도 메시아 정도령 정진인 하나님이다. 천택지인 정법으로 세상사를 구원한다. 만물생물은 나의 형제요 나의 친구요, 자연, 구름, 바람, 태풍, 비, 영혼, 마귀 등등 모두가 정도령 하나님을 도와 일을 하니 정도령 마음이 흐뭇하구나. 환인 하나님과 4족오닭 하나님께 감사합니다. 고맙습니다. 선천시대 하나님분들은 한 분 한 분이 주기적으로 나를 도와 세상사 많은 일하게 도와줌으로 보다 쉽게 해결할 수 있다.

17

자연의 섭리 태지산물 태극기로
대한민국을 이끌어간다

2023. 7. 30. 21:55

동방 한반도 메시아 정도령 정진인 하나님이다. 현재 대한민국 건곤감리 태극기는 폐지하여 역사 속으로 남기고 자연의 섭리 태지산물 태극기로 바꾼다. 5년 후 2028년 5월 5일부터는 대한민국 태극기는 자연의 섭리 태지산물 태극기로 대한민국을 이끌어간다. 본 태극기는 동방 한반도 구세주 메시아 정도령 정진인 하나님이다. 본 태극기와 함께 대한민국은 엄청난 나라로 변신하게 된다. 대한민국 영토를 엄청 넓히고 지상낙원을 만들며 세상사를 한반도 대한민국이 이끌어간다. 세상사를 바꾼다. 위대한 대한민국이여, 희망찬 광명의 빛이 비추어 오고 있으리라 정도령. 자연의 섭리 태지산물 세계 만국기 세계 평화와 화합으로 세상사는 서로 형제요 친구요, 천택지인 정법으로 세상사를 구원한다. 만물생물은 나의 형제요 나의 친구요, 후천시대는 세계 모든 나라가 동맹국이요, 환인분들의 형제국으로 제2의 세상사를 선의 마음으로 살아가게 되리라. 악의 시대는 끝나간다. 2023년도가 지나면서 많은 변화가 오게 되리라. 동방 한반도 구세주 정도령….

광명의 등불 위대한 대한민국

2023. 7. 28. 5:02

　　동방 한반도 메시아 정도령 정진인 하나님이다 천택지인 정법으로 세상사를 구원한다. 만물생물은 나의 형제요 나의 친구요, 한 많은 한반도 대한민국 남북으로 갈라져 형제도 못 보고 만나지도 못하고 이미 세상을 떠나버린 형제 친구여, 77주년도 2030년 6월 25일에 꼭 통일을 이룩하겠노라. 한반도 정도령 남북으로 허리가 갈라지고 중국으로 목이 갈라져 있으니 한반도의 환인과 4족오 닭의 선천시대 하나님은 나 정도령의 의하여 남북을 통일하고 고구려를 찾을 수 있게 도와주고 있다. 이긴 자 후천시대 동방 한반도 구세주 정도령 하나님이다. 한 많은 대한민국의 광명의 빛이다. 광명의 등불 위대한 대한민국이여, 밝은 희망의 시대는 코앞의 다가와 있습니다. 본 태극기는 후천시대 대한민국 태극기다. 태지산물 대한민국 태극기와 환인 18분 합삭한 대한민국 태지산물 태극기와 세계가 쓸 수 있는 태지산물 세계 만국기요, 이 모든 태극기는 선천시대 하나님과 후천시대 동방 한반도 정도령 하나님으로 제작된 한반도 대한민국의 영원한 태극기다. 얽혀 살아온 영혼, 마귀, 잡귀, 병마귀 등을 흡수하여 천지 밖 영혼의 세계로 보낼 수 있는 위대한 태극기다. 자연의 섭리 태지산물 대한민국 태극기는 이긴 자이며, 인간사 만병을 다스려 인간사 행복, 즐거움, 희망을 주는 태극기다. 지구를 영원토록 지켜주는 만물의 태극기다.

21

역사와 세상사를 바꾸는 후천시대

2023. 7. 26. 5:26

동방 한반도 메시아 정도령 정진인 하나님이다. 중국, 몽골, 일본 등등 나라들은 우리 문화생활이 같은 점은 환인 18분이 성년이 되기 전까지는 같이 생활했기 때문에 비슷한 생활 문화를 갖고 살아왔다. 또한 중국, 한국, 일본 등은 한때 태양신과 삼족오 새의 믿음으로 살아오다 전쟁 등으로 태양신 삼족오 믿음이 사라지게 되었다. 태양의 신은 12분의 환인과 4족오 닭 4마리로 형성되어 있으며, 인간사 아무에게도 형상을 보여주지 않았다. 그렇기에 종교계는 하나님 형상이 없다고 전파한 것이다. 인간사 종교계가 인간사 영혼을 믿으니 환인 하나님은 형상을 보여주지 않았다. 또한 교회 종교를 믿는 사람들은 동물들의 영혼을 많이 담고 살아왔다. 그러니 하나님 형상을 볼 수가 없었다. 불교의 형상은 석가 부처다. 모든 내면을 다 보여준다. 또한 월화수목금토성의 환인분들은 형상을 보여주기 때문에 무속인들 불교에서는 볼 수가 있었다. 태양 속 환인 하나님은 우리 인간사와 똑같은 사람이었다. 지금은 후천시대다. 역사와 세상사를 바꾼다. 대한민국 태지산물 태극기로 바꾸고 살아가야 대한민국 국민부터 새로운 세상을 만들어간다 새로운 역사 창조로 세계 세상사를 이끌어 가게 된다. 이긴 자 동방 한반도 메시아 정도령 정진인은 인간사와 얽혀 살아온 영혼, 마귀, 잡귀, 병마귀 등을 태지산물 태극기로 흡수하고 정도령이 흡수하여 천지와 지천으로 보내 공사를 지시한다. 영혼, 마귀, 잡귀, 병마귀 등을 천명으로 다스린다. 신의 세계 위계질서는 이긴 자에게 확실하게 복종한다. 마귀도 정도령을 도와 다른 영혼들을 많이 흡수하여 정도령을 도와준다. 2004년부터 후천시대는 시작되어 있다.

옛 고구려 땅

2023. 7. 25. 10:36

동방 한반도 메시아 정도령 정진인 하나님이다. 중국 시진핑 대통령님께. 옛 고구려 땅은 환인 18분이 태어나 성년의 생활을 같이 하던 곳입니다. 환인분들은 성년이 되어서 각기 아시아, 유럽, 서양 등 곳곳으로 흩어져 인간사를 탄생시켜습니다. 한반도에 한 분, 중국에 한 분이 황색사슴과 백색사슴의 결합체로 인간사가 탄생하였습니다. 서열이 없는 형제분들로 인하여 우리 인간사는 이 시대까지 많은 어려움 속에서 발전을 해왔습니다. 이제는 한반도 영토를 대한민국으로 편입시켜 줄 것을 부탁드립니다. 약 20년 내로 대한민국으로 양도하여 주십시오. 아무 조건은 없습니다. 본 일은 성사되어야 합니다. 그렇지 못할 시에는 큰일이 생기게 됩니다. 일본은 수장이 됩니다. 동방 한반도 구세주 정도령 정진인 하나님이다. 지구를 박살낼 수도 있습니다. 천택지인 정법으로 세상사를 구원한다. 만물생물은 나의 형제요 나의 친구요, 정도령 중국을 16개 나라로 쪼갤까 하다 그만 멈추었다.

24

25

기상이변

2023. 7. 24. 9:36

　동방 한반도 메시아 정도령 정진인 하나님이다. 천택지인 정법으로 세상사를 구원한다. 만물생물은 나의 형제요 나의 친구요, 정도령의 철창이란 철봉의 매달린 대한민국 태지산물 태극기다. 철봉의 태지산물 태극기는 이긴 자 동방 한반도 구세주 정도령 하나님이다. 본 태극기로 지구의 모든 생체의 영혼, 마귀, 잡귀, 병마귀 등을 흡수하기 위하여 철창을 휘두른 것이다. 인간사가 죽은 영혼 등을 위하여 받들어 모시고 사는 시대는 선천시대였다. 이긴 자로 인하여 신의 세계는 종말이다. 현재는 천지공사와 지천공사를 영혼, 마귀, 잡귀, 병마귀 등을 이용하여 수성행성도 끌어오고, 기울어진 지구도 똑바로 세우며 하단으로 7킬로를 내려놓는다. 또한 지천과 땅속의 흐름을 바꾸며 많은 일을 함으로 아직은 영혼 등을 천지 밖으로 보내는 것을 보류 중이다. 천지와 지천공사가 끝나면 모든 영혼, 마귀, 잡귀, 병마귀, 곤충의 영혼, 식물의 영혼, 조류의 영혼 등등을 천지 밖 영혼의 세계로 보내어 고이 잠들게 하리라. 이렇게 일을 하다 보니 기상이변이 일어날 수밖에. 훗날의 지구의 희망을 위하여 동방 한반도 정도령….

27

전쟁이 없는 세상

2023. 7. 22. 7:13

　　동방 한반도 메시아 정도령 정진인 하나님이다. 천택지인 정법으로 세상사를 구원한다. 만물생물은 나의 형제요 나의 친구요, 대한민국 21대 대통령은 구세주 정도령 하나님이다. 7년 후 6월 25일 남북을 통일한다. 그리고 고구려를 찾을 것이다. 단축를 시켜 약 20년으로 계획을 세웠다. 정도령이 대통령이 되어 대한민국 가정의 생활을 모두 중산층으로 살게 하리라. 일본은 잠긴다. 독도 북동쪽 2375킬로 지점에 원유를 저장 중이다. 원유를 개발하게 되면 대한민국 국민은 모두가 잘살 수 있다. 대한민국으로 세계인이 몰려오게 되었으니 잘살게 만들어주면 인구 줄어든다고 걱정할 필요 없게 된다. 후천시대는 핵무기 등이 필요가 없다. 전쟁이 없는 세상이 된다. 아직은 때와 날짜를 잡지 못하였다. 조만간 때를 잡아 글을 올릴 것이다. 동방 한반도 정도령….

싸움이 없는 화합의 정치

2023. 7. 22. 7:12

동방 한반도 메시아 정도령 정진인 하나님이다. 대한민국 제21대 대통령 메시아 정도령 대통령이다. 현재 여러 당 체제를 모두 없애 버리고 대한민국 정의당 한 당 체제로 대한민국을 이끌어 가겠다. 싸움만 하는 국회의사당 한 당의 체제는 싸움이 없는 화합의 정치가 되어 대한민국 국민들에게 많은 호응과 박수를 받게 되리라. 평등사회 민주주의 나라의 평등이란 열심히 일을 하는 자와 그렇지 못한 자, 분명 차원이 다르다. 현실의 빈민 차가 너무 심하다. 6대 4의 차등화만 같으면 된다. 더불어 살아가는 세상을 만들겠다. 인간사는 모두가 형제요 친구다. 동방 한반도 구세주 정도령 대한민국에는 앞으로 기이한 현상이 많이 생긴다. 암 환자가 원인 모르게 나아가며, 장님이 눈을 뜨고, 불구환자가 벌떡 일어나 정상의 몸으로 활동하는 등 기이한 현상이 생긴다. 지배 속의 살아온 인간사로부터 영혼, 마귀, 잡귀, 병마귀 등등이 이긴 자로 인하여 사라짐으로 생기는 현상이 되리라. 동방 한반도 메시아 정도령….

31

삼위일체 태지산물 태극기

2023. 7. 21. 18:14

　대한민국의 광명 밝은 미래는 가득한 희망이 있는 위대한 대한민국이 된다. 현실의 실태의 고통 암과 질병 등 알 수 없는 수많은 병들과 고통 속에 살아온 인간사 더욱이 고령분들 등 태지산물 태극기는 정도령 하나님이다. 태양 아들 태양신이다. 태지산물 태극기는 태양신 정도령 환인 18분 4족오 닭 4마리로 형성된 삼위일체 태지산물 태극기다. 바로 정도령 하나님이다. 태지산물 태극기와 태양신 믿음으로 만병을 나을 수 있다. 암세포와 질병의 병 협착증, 목 디스크, 당뇨 등등 병균을 4족오 닭 4마리가 쪼아먹어 인간사 만병을 제거할 수 있다. 대한민국 태지산물 태극기는 동방 한반도 메시아 정도령 하나님이다. 후천시대 대한민국의 행복, 즐거움과 희망이 될 것이다. 우리 국민들은 그동안 많이 속고 살아왔습니다. 태양의 신 정도령. 이긴 자, 신의 세계를 정복한 자 정도령…. 2036년 후부터는 모든 종교를 하나로 통일한다 현 종교를 더 이상 믿을 수 없다. 강제 집행한다. 정도령 하나님 태양신 한 분만 믿음으로 살아가야 한다. 동방 한반도 구세주 정도령 정진인 하나님이다. 이것이 후천시대다.

대한민국이 중심이 되어 세상사를 이끌어간다

2023. 7. 20. 9:57

　동방 한반도 메시아 정도령 정진인 하나님이다. 선천시대 태양 속의 환인 12분과 4족오 닭 4마리는 하나님으로 계시면서 인간사의 형상을 보여주지 않았다. 그렇기에 인간사는 형상 없는 하나님으로 생각하고 하나님은 형상이 없다고 전파하였다. 이긴 자 동방 한반도 구세주 정도령 정진인 신의 세계를 정복한 자 정도령 이긴 자 후천시대는 신이란 존재를 모시지 않는다. 정도령 하나님의 능력을 실험해 보셔도 된다. 인간사가 만들어놓은 각종 무기들 정도령 하나님에게는 안 통한다. 죽음을 각고하고 실험을 해야 한다. 만약 이런 일이 발생한다면 그 사람은 먼저 죽게 된다. 핵이든 총이든 쏘게 되면 쏜 사람이 먼저 죽고, 핵을 쏘면 쏜 사람 앞으로 되돌아가 터지게 되어있다. 후천시대 인간사 무기류가 아무 쓸모가 없다. 전쟁 없는 세상, 평등 세상, 평등사회가 되어간다. 대한민국은 지상낙원을 만들어 세계인이 한반도로 이주하여 행복, 즐거움, 희망이 있는 나라다. 하여 많은 이주민이 몰려오게 되어있다. 앞으로 세상사는 대한민국이 중심이 되어 세상사를 이끌어간다. 위대한 대한민국의 광명이 밝아온다.

35

신의 세계를 정복한 자

2023. 7. 18. 23:45

　　동방 한반도 메시아 정도령 정진인 하나님이다. 남사고 선생님의 당부 말씀 동방 한반도 메시아 정도령이 하는 것이 맞다. 허니 대한민국 국민들은 정도령을 믿어야 된다 하였다. 대한민국 국민들이 못 믿을까 걱정하셨습니다. 믿어야 한다고 정도령이 하는 말이 내일의 예언이요, 미래의 예언이다. 후천시대 정도령 하나님이 '자연아, 자연아. 구름아, 구름아. 바람아, 바람아. 서동풍를 일으켜 한반도의 장마를 태평양으로 보내라. 천명으로 명하노라.' 내가 이렇게 명령을 내려도 아직은 역부족이다. 차츰차츰 이뤄지게 된다. 대한민국 건곤감리 태극기는 역사 속으로 남기고 태지산물 태극기로 교체 사용해야 일부가 이루어진다. 이긴 자 모든 영혼, 마귀, 잡귀, 병마귀 등등을 이긴 자, 신의 세계를 정복한 자, 이긴 자다. 인간사는 신들의 지배 속에 살아왔다. 이제는 이긴 자로 인하여 인간사는 영혼, 마귀, 잡귀 등으로부터 해방이다. 석가, 예수, 공자, 노자 등등 아무 신도 믿으면 안 된다. 태양신 동방 한반도 메시아 정도령 하나님만을 믿고 살아가야 한다. 이것이 후천시대다. 정도령.

자연의 섭리 태지산물 태극기

2023. 7. 18. 10:53

　동방 한반도 구세주 정도령 정진인 하나님이다. 대한민국은 하루 빨리 건곤감리 태극기는 역사 속으로 남기고 자연의 섭리 태지산물 태극기를 써야 한다. 지금 시기는 동방 한반도 정도령이 천지공사와 지천공사를 하고 있으므로 기상이변이 일어난다. 수성행성을 가져 오고, 지구를 남극, 북극 정위치에 고정함으로 기상이변과 맞물려 있다. 지구의 지하에 공사 중이니 용암이 바다로 올라와 수온이 뜨거워질 수밖에. 이 시기는 약 십 년 정도로 보면 된다.

말세의 세상

　선천시대 하나님은 태양 속의 4족오 닭 4마리와 환인 12분과 월화수목금토 행성의 6분과 합이 되어 하나님으로 우주 만물과 지구 생명체와 인간사를 다스려 왔습니다. 현재는 말세의 세상이다. 지구의 이변과 인간사 모든 생명체가 곤욕을 치르고 있는 시기다. 당분간은 인간사가 고뇌를 겪어야 하므로 슬기롭게 잘 헤쳐 나가야 한다. 자연의 재해는 나도 어찌 못한다. 다만 마음으로 해결할 뿐이다. 후천시대 동방 한반도 메시아 정도령 하나님이 되어있으나 당장 눈으로 보여줄 수 있는 것이 아무것도 없으니 마음만 아플 뿐이다. 이긴 자라곤 하나 보이지 않는 신 영혼 등을 이기고 퇴치할 뿐이다. 모든 영혼 등을 천지와 지하에 일을 시킨다. 동방 한반도 메시아 정도령 정진인 하나님이다.

천지의 수성행성을 지구 옆으로 가져온다

2023. 7. 15. 6:46

동방 한반도 메시아 정도령 정진인 하나님이다. 천택지인 정법으로 세상사를 구원한다. 만물생물은 나의 형제요 나의 친구요, 2004년 후천시대 대한민국의 발전과 광명이 깃들기를 바라는 마음에 많은 일을 해놓았다. 지금은 영혼들에게 천명으로 복습하여 계속 영혼, 마귀, 잡귀, 병마귀 등 식물의 영혼, 곤충의 영혼, 조류의 영혼 등을 한반도 고구려 땅을 찾기 위해 몽골에서 중국 영토를 가르는 중 4족오 닭벼슬 문양인 고구려 계란형의 한반도 대한민국을 찾아 삼위일체 한 나라로 합쳐서 위대한 대한민국을 건립하겠노라. 또한 중국을 5등분으로 갈라놓고, 인도는 3등분으로 갈라놓고, 러시아는 2등분으로 갈라놓고, 일본은 후지산 봉우리 400평만 남기고 수장한다. 후지산 봉우리 400평은 등대용으로 사용한다. 지하의 동서남북 에스라인 2개, 하나는 원유의 흐름선 하나는 마그마수 용암 흐름선이다. 천지의 수성행성을 지구 옆으로 가져오는 중 이모든 일을 영혼, 마귀, 잡귀, 병마귀 등에게 천명으로 일을 시킨다. 매일 복습으로 일을 하고 살아간다. 한반도 구세주 정도령.

난세의 시기는 얼마 남지 않았다

2023. 7. 10. 4:19

　대한민국 태지산물 태극기는 동방 한반도 메시아 정도령 정진인 하나님이다. 선과 악, 악이란 선천시대에 영혼, 마귀, 잡귀, 병마귀 등과 얽혀 살아옴에 악행이 심화되었다. 인간사는 여러 동물 등과 결합체가 되어 인간사가 탄생하였으므로 동물의 본능도 있다. 포악한 동물의 영혼, 마귀, 잡귀 등과 얽혀 살아왔음에 악행이 발전했다. 인간사 몸속에는 마귀 뱀, 잡귀 늑대 등으로 얽혀있으므로 악행을 저지른다. 욕심, 굶주린 마음의 욕심이 악행을 저지른다. 지금은 선천시대 흐름이 아직까지는 남아있다. 내가 아무리 영혼, 마귀, 잡귀, 병마귀 등을 뽑아내도 생명체 속에 숨어있는 모든 영혼 등을 뽑아내기가 시간이 많이 걸리므로 대한민국 태지산물 태극기로 바꾸어 쓰이면 보다 쉽게 해결할 수 있는데 아직은 그렇지가 못하다. 동방 한반도 메시아 정도령 정진인을 믿는 사람들이 없으니 오래 걸린다. 지금 이 난세의 시기는 얼마 남지 않았다. 이 난세의 시기가 끝나면 인간사는 선의 마음으로 살아가리라. 2004년부터는 후천시대다. 이긴 자 동방 한반도 구세주 정도령.

선천시대 하나님, 후천시대는 동방 한반도 정도령

2023. 7. 9. 12:15

동방 한반도 메시아 정도령 정진인 하나님이다. 나 역시 하나님은 한 분으로 알고 있었는데 환인 18분과 닭 4마리와 함께 하나님이었다니. 항상 동명이인으로 글을 쓰고 생각하였는데 이렇게 많은 분이 하나님이었다. 나 역시 이렇게 많은 분과 4족오 닭 4마리로 이뤄진 하나님 많이 가르쳐 주시니 내가 할 수 있었다. 선천시대 하나님, 후천시대는 동방 한반도 정도령이 하나님이다. 천택지인 정법으로 세상사를 구원한다. 만물생물은 나의 형제요 나의 친구요.

18분 환인과 4족오 닭 4마리 합삭한 대한민국 태지산물 태극기와 하나로 합삭한 화합과 평화의 상징 세계 만국기와 대한민국 태지산물 태극기 세 가지 형상의 대한민국 태지산물 태극기 정도령⋯.

세상를 바꾼다

　동방 한반도 메시아 정도령 정진인 하나님이다. 세상를 바꾼다. 인간사부터 대한민국 건곤감리 태극기와 태지산물 태극기로 대한민국 정치판도 바꾸고 연금법도 바꾸고 원전도 바꾸고 국회의사당도 바꾸고 대통령궁도 바꾸고 정부 공시가도 바꾸고 대한민국 수도를 바꾸고 천지도 바꾸고 지구의 지하도 바꾸고 일부 나라도 바꾸고 독도 부근의 원유가 나오게 바꾸고 하나님도 바꾸고 통일도 하고 고구려를 찾는다. 정도령도 많이 진화하였다. 블로그와 글 내용을 보면 진화한 내용이 계속 달라졌음을 알 것입니다. 태지산물 태극기도 진화하는 과정의 많이 변했습니다. 지금 보이는 것이 마지막 끝난 태극기의 작품입니다.

동방 한반도 메시아 정도령 정진인 후천시대 하나님

2023. 7. 6. 21:42

　동방 한반도 메시아 정도령 정진인 하나님이다. 일본의 인간사 뿌리는 환웅 4대 작은아들과 일부 주민들과 함께 일본으로 건너가 인간사가 번식하였다. 고로 대한민국의 작은아버지의 자손이라 할 수 있다. 동방 한반도 메시아 정도령 정진인 후천시대 하나님이다. 2024년 8월 14일 자정 15일에 18분과 4족오 불을 품어내는 닭 네 마리와 하나님으로 이뤄진 선천시대 하나님을 인간사에 보여드리겠습니다. 후천시대 동방 한반도 메시아 정도령 정진인 하나님의 부탁을 들어주시기로 약속하였다. 인간사는 보라. 선천시대 하나님을 천개천 삼일교가 오작교다. 태양의 계신 환인 12분 태양 중심의 닭 4마리와 월화수목금토 행성의 계셨던 6분과의 만남을 주선하였다. 삼일교는 주역으로 말하면 72궁 자리다. 대한민국 방송사는 고성능 카메라로 동영상을 찍어야 할 일이다.

　동방 한반도 메시아 정도령 정진인 하나님이다. 정도령… . 나의 모든 일이 끝나면 선천시대 하나님은 4차원 천지 밖 영혼의 세계로 보내주어 고이 잠들게 하리라. 4족오 닭 하나님은 지구 한반도 지도 속에 새겨 지하 3차원 영혼의 속으로 새겨둘 것입니다. 동방 한반도 대한민국은 광명의 빛이 되리라.

45

모든 인간사는 형제요, 사촌

2023. 7. 5. 17:33

환인 한 분 프랑스 영토에서 영국 프랑스의 인간사 뿌리는 백색 사슴과 결합체가 되어 인간사 뿌리를 내렸다. 지금 현실은 인간사가 많은 혼혈로 이뤄져 있다. 세계는 지금 시대 인종차별로 많은 문제를 앓고 있다. 세계 모든 사람들은 환인 18분 형제인과 각종 동물과 결합체가 되어 인간사가 번창해 후천시대를 살아가고 있다. 모든 인간사는 형제요, 사촌입니다. 지금 현실인들은 이제 그만 인종차별을 그만두라. 한 형제요 친구입니다. 태양의 아들 동방 한반도 메시아 정도령 정진인 하나님이다. 본 태극기의 단풍잎 문양 18분 환인이 합삭된 문양입니다. 이 18분과 태극기 중앙 4색채 속에 닭 4마리 문양이고, 합체한 문양이 선천시대 하나님이었다. 2004년 이후는 후천시대다. 이긴 자 동방 한반도 메시아 정도령 정진인 하나님이다. 이긴 자 영혼, 마귀, 잡귀, 병마귀 등과 신의 세계를 정복한 자 구세주 동방 한반도 정도령 하나님이다. 세상사를 바꾼다 정도령.

인간사 환인의 뿌리

2023. 7. 2. 22:59

동방 한반도 메시아 정도령 정진인 하나님이다. 캐나다 인간사 뿌리는 환인 5분은 캐나다에 도착, 고릴라, 침팬지, 산양, 캥거루, 원숭이, 오랑우탄, 산양 등 여러 동물과 결합체가 되어서 인간사를 번식하였다. 환인 1분은 아르헨티나로 가서 백색산양과 결합체가 되어 번식하였다. 캐나다에 머물던 환인 4분은 콜롬비아로 이동하여 캐나다에서와 똑같이 여러 동물과 결합체가 되어 인간사를 번식하였다. 미국 쪽은 캐나다의 머물던 한 분이 백색산양 황색산양과 결합하여 번식하였다. 캐나다에 머물던 환인 4분은 콜롬비아로 뭉쳐 이동, 여러 동물들과 결합하여 번식하였다. 콜롬비아의 4분 중 첫 번째 돌아가신 환인 한 분은 금성행성에 계신다. 환인 6분 중에 네 번째 돌아가신 분은 월성에 계신다. 토성으로 가야 할 분인데 사시다 고릴라에게 상처를 입어 장님이 되었다. 토성행성을 못 찾아 월성으로 가게 되었다. 환인 다섯 번째 돌아가신 분은 토성으로 가 계신다. 환인 2번째 돌아가신 분은 아르헨티나 산양과 결합체인 분은 화성에 계신다. 미국 남부의 환인 한 분은 산양 황색, 백색 결합체인 분은 세 번째 돌아가신 분은 목성에 계신다. 환인 6번째 돌아가신 분은 수성행성에 계신다. 인간사 환인의 뿌리다. 미국 북부 흑인은 캐나다에서 이동하여 살아왔다. 브라질은 콜롬비아에서 이동하여 살아왔다. 한반도와 유럽, 동아시아, 영국 12분의 분포는 너무 많아 파헤치기가 어렵다. 시간이 많이 걸려 우선 생략합니다.

49

평등 세상, 평등사회를 구축하노라

2023. 7. 2. 0:08

 동방 한반도 메시아 정도령 정진인 하나님이다. 환인 18분에 의하여 인간사가 탄생하였습니다. 환인 모두는 어려움 속에 태어나 사슴들의 젖을 먹고 사슴들에 의해 18분 모두 살아 남으셨습니다. 이렇게 어려움으로 태어나 우리 인간사를 번창시켰습니다. 현재 세계적으로 인종차별 문제로 옥신각신하는데 그러면 안 됩니다. 18분의 한 형제분들의 자식들입니다. 지구 멸망의 위기요, 지구의 뜨거워진 이유는 지하의 용암이 많기 때문입니다. 또한 영혼, 마귀, 잡귀, 병마귀 등은 얽혀 살며 종교분이 인간사를 멸망의 기로요, 현실 지금은 선천시대 흐름 악의 시대 흐름이 지금까지 이어져 지구 세상사는 최고의 난세 시기다. 지구 세상사를 정리정돈 하여 지구 세상사를 평정하며 심판을 할 것이다. 평등 세상, 평등사회를 구축하노라. 동방 한반도 메시아 정도령 정진인 하나님이다. 태지산물 세계 만국기와 태지산물 대한민국 태극기로 세상사를 구한다.

후천시대는 동방 한반도 정도령이 하나님

2023. 7. 1. 12:59

　　동방 한반도 메시아 정도령 정진인 하나님이다. 태양 속의 환인 분 서열 없는 서열 황적색 닭 11시 방향 1번, 황적 점 12시 방향 2번, 황적갈색 혼합색 3번, 1시 방향 태 검은색 1번, 8시 방향 검은 점 2번, 9시 방향 검정 혼합 3번, 10시 방향 지 갈색 닭 1번, 2시 방향 갈색 점 2번, 3시 방향 갈색 혼합 3번, 4시 방향 산 백색 닭 1번, 5시 방향 백색 점 2번, 6시 방향 백색 혼합 3번, 7시 방향 물 이렇게 태지산물 닭의 색채다. 12분과 4마리 닭과 월화수목금토 속의 합체 18분과 닭 4마리로 이뤄진 게 하나님이다. 이렇게 주역이 만들어져 있다. 허나 주역 속의 인물은 아무도 모르고 주역을 만들었다. 이제는 이 주역이 아무 필요 없다. 지금은 후천시대다. 6500년 전 인간사가 환생 탄생하기 전에는 하나님이 없었다. 자연 태양신만 있었을 뿐이다. 후천시대는 동방 한반도 정도령이 하나님이다. 지금은 인간으로 있지만, 훗날엔 태양 속으로 가 한 사람의 하나님이 되리라. 이 글의 뜻으로 확실한 동양철학을 연구하여 만들어야 한다. 환인 18분은 서울 중심지 청계천 5번 다리 삼일교가 만나는 장소입니다. 삼일교가 어찌하여 오작교가 되는지는 아직은 모르겠다. 조만간에 알 수 있을 것이다. 정도령 환인 18분과 4족오 닭 4마리와 2024년 8월 14일 자정 12시에 만남이 약속되었습니다.

　환인 18분과 4마리 닭과 월화수목금토 행성의 환인분과 모두 합삭한 만물의 대한민국 태지산물 태극기요, 우리 뿌리 환인분은 백색사슴과 황색사슴 등으로 결합체 속에서 태어나기 때문에 백색인종, 황색인종 등으로 피부 종류가 다르다. 현실처럼 장가를 두 번 이상 갔다고 보면 됩니다. 8시에 배치된 환인분입니다. 돌아가서 검은색 닭 몸속의 영혼으로 있었다. 환웅의 계보는 22대였다. 23대가 단군 할아버지 한반도 우리의 뿌리다. 인간사 우리의 역사는 6500년이다. 확실히 찾았다. 대한민국은 역사를 새로이 정리하여야 합니다.

서울 청계천 삼일교 5번 다리에 오작교를 만들다

2023. 6. 29. 9:48

　동방 한반도 메시아 정도령 정진인 하나님이다. 나는 태지산물 태극기의 오작교를 만들어 주었다. 태양 테두리 12시간 속의 환인 하나님, 월화수목금토 행성 속의 환인 하나님과 만남을 위하여 태양 테두리 중심 라인이 오작교 역할을 한다. 형·아우가 없는 형제분들 오랫동안 만날 수가 없었으니 이제나마 그리운 형제를 만나게 오작교를 만들었다. 상봉하여 정다운 만남이 되시길 기원합니다. 또한 나와 만나기 위하여 동방 한반도 대한민국 서울 청계천 삼일교 5번 다리에 오작교를 만들었습니다. 만남의 상봉날 2024년 8월 15일에 만남을 기약해 두었습니다. 그때는 모든 사람이 볼 수 있는 형상을 보여주셔야 합니다. 인간사 뿌리의 환인분들 환웅 단군의 신화 한반도 사람들 인간사 뿌리는 각기 흩어진 18분의 환인의 형제분들의 원조다. 종교계는 하나님 형상을 볼 수가 없다. 변화무상하다는 것은 18분과 4족오 닭 4마리가 합쳐 22영혼이 활동함으로 변화무상 하나님으로 전파한 것이다. 종교계 여러분, 하나님에 대하여 이제 아시겠습니까? 모든 종교는 13년 후 철회하고 태양신 정도령 하나님 믿음으로 종교를 지탱하셔야 합니다. 대한민국 태지산물 태극기 형상만 있을 뿐입니다. 모든 종교가 하나로 통합된 것입니다. 동방 한반도 구세주 정도령 정진인 하나님이다. 2004년부터 후천시대 정도령 하나님이다.

54

동방 한반도 메시아 정도령 정진인 하나님

2023. 6. 27. 20:05

동방 한반도 메시아 정도령 정진인 하나님이다. 선천시대 하나님은 형상 없다 하였다. 모든 종교가 형상이 없는 하나님이다 하였는데, 내가 찾고 보니 환인 12명분과 닭 4마리가 합체하여 하나님이었다. 인간사가 여지껏 이러한 뜻도 모르고 하나님을 섬기셨다니 한심한 인간사였구나. 18분의 환인 중에 6분은 한반도로 오는 길이 없어져 서로 만나지 못하여 헤어지게 되어서 함께 태양으로 가지 못하여 6분은 각기 월화수목금토 행성으로가 외로움으로 사셨다. 우리가 쓰던 월화수목금토 중 일과 월을 빼놓고 화수목금토 오행으로 주역이 이루어진 것이다. 18분과 오행 속 환인이 6분이어야 하는데 한 분이 빠져있다. 시간 속의 12분과 닭 4마리로 이뤄져 있는 이것이 천간 시간 속이다. 천간과 지지를 사용하여 사주팔자를 보는데 다 맞을 리가 없다. 후천시대는 주역이 맞지도 않고 아무 쓸모없는 무용지물이다. 나는 하여 대한민국 태지산물 태극기 속에 오작교를 만들어 18분 모두 함께 언제든 왕래하시라 만들어 주었다. 오작교는 청계천 5번 다리다. 전 이명박 대통님께 감사합니다. 애초에 같이 함께 태양으로 가셨으면 우리의 하루는 36시간이 되었다. 앞으로 한 달은 30일, 1년은 360일이 된다. 그동안 6분은 천상에 제석, 옥황상제 등등으로 계시며, 무속인들과 교분을 나뉘며 지내왔다.

　내가 이렇게 모든 것을 풀어보니 하나님이 환인 18분과 닭 4마리가 하나님이었다니 놀랄 수밖에. 모든 종교가 이렇게 많은 분이 하나님이었다니 역시 놀랄 것입니다. 종교인들에게는 하나님이 보일 리가 없다. 종교인들에게는 자기가 믿는 우상 신이 있으므로 하나님 형상을 볼 수도 없고, 하나님하고는 무관하다 정도령….

선천시대 하나님에 대한 것

2023. 6. 26. 7:08

동방 한반도 메시아 정도령 정진인 하나님이다. 4마리의 닭과 환인 12명분과 결합체가 되어있으니 하나님이 변화무상으로 생각하게 된 것이다. 닭과 환인과 합삭으로 이루어진 게 선천시대 하나님이었다. 선천시대 하나님에 대한 것을 99프로 다 풀었다. 바를 정에 길 도를 쓰고, 죽은 영혼이므로 홀령령이 되어 정도령이 됐다. 6명분이 길이 없어 만나지 못함의 길 도를 썼다. 환인 18분은 바른 마음 정직한 분이었다. 인간사는 환인분들 믿음에 살았어야 하는데 엉뚱한 교주를 떠받들며 살아옴에 이 세상사가 망가져 버렸다. 나의 모든 일이 끝나면 천지 밖 영혼의 세계로 보내어 고이 잠들게 하리라. 이제껏 나와 합심으로 모든 것을 파헤쳐 찾은 것에 대하여 4족오 닭과 환인분들께 대단히 감사합니다. 대단히 고맙습니다. 나의 생명이 다다를 때까지 도와주십시오. 동방 한반도 메시아 정도령.

불빛의 신이여, 항상 한반도 지도 속에 있으리라

2023. 6. 26. 5:02

동방 한반도 메시아 정도령 정진인 하나님이다. 대한민국 수도 백두정 백두궁 선천시대 삼족오 불새닭 문양으로 현재 용의 문양은 제거하고 한반도 지도 삼족오 불새수탉 문양으로 사용한다. 선천시대 하나님이었다. 또한 한반도는 하나님의 나라가 된다. 불빛의 신이다. 항상 한반도 지도 속에 있으리라. 아직은 한반도가 허리가 갈라져 있고 목이 갈라져 있기에 선천시대 하나님을 새길 수가 없다. 통일을 하고 고구려를 찾으면 그때 확실하게 새겨질 것이다. 또한 시차 때문에 중앙 아프리카 서부로 간 6명분은 길이 없어졌으므로 형제들과 태양으로 못 간 분들은 월화수목금토 행성에 계시면서 일식이 일어날 때만 태양 속의 형제들을 만날 수가 있다. 태양 속으로 못 들어간 6명분은 태지산물 태극기 태양 테두리 속 반달문양 속에서 나를 돕고 있다. 지구 지천공사 중 에스라인 사이사이에서 원유 흐름과 용암 흐름을 용이하게 흐르게 도와준다. 또한 이 12개 반달문양 중 11개는 이미 지구 땅를 가르는 데 쓰이고 있다. 하나의 반달이 남아있다. 하나 남은 반달문양은 정도령 하나님의 비장의 무기로 남겨두었다. 이 세상에서는 반달의 무기를 이길 수 있는 것은 아무것도 없다. 나중에 사용한다. 우리에게 천부모다. 1의 부모요, 1의 아버지다. 인간사 1호 부모다. 우리는 이렇게 인간사가 탄생하였다. 태양으로부터 자연의 신 태양. 허나 원래는 하나님은 없었다. 선천시대는 닭이 하나님이다. 후천시대는 동방 한반도 구세주 정도령 정진인이 하나님이다. 지금 현실은 동명이인으로 같이 세상사를 구원한다. 대한민국 제21대 대통령 메시아 정도령 정진인 하나님이다. 5년 후면 태지산물 태극기로 교체 사용한다. 7년 후 6월 25일에 통일을 하고, 고구려를 찾으러 진격한다. 꼭 고구려를 찾습니다. 정도령 동방 한반도 정도령이 2023년도 기준으로 90프로 이상 세상사 일을 끝내놓는다. 『정감록』 예언서에도 2023년 이후에는 예언설이 없다 하였다. 후천시대는 주역이 맞지 않는다. 무용지물이다. 대신 인간사가 많이 진화되어 간다. 정도령.

환인분들의 행보

2023. 6. 26. 0:32

환인분들의 행보. 일식 일어날 때 만나기로 약속한 환분들은 일식이 다가오자 모이게 되는데, 중앙 아프리카로 간 6분은 길이 없어져 올 수가 없었다. 유럽, 러시아, 미국 쪽으로 길이 있어 갔으나 올 때는 바다로 이뤄져 한반도 고향 땅에 올 수가 없었다. 서글픈 일이다. 아시아 쪽의 12분은 기다리다 돌아가서 영혼은 3분은 황적색의 닭의 몸속으로 들어갔다. 또 세 분은 갈색 닭 몸속으로 들어갔다. 또 세 분은 검은색 닭 몸속으로 들어갔다. 또 세 분은 백색 닭 몸속에 들어가 있는 도중 닭들은 마귀에게 당하여 죽게 되어 12분과 함께 시차 속, 태양 테두리 단풍잎 문양 12시간 속에 안착하게 되었고, 닭은 태양 속으로 안착하게 되었다. 4마리의 닭은 삼족오 하나님이 되었고, 태지산물 태극기 중앙 4색채 속에 태는 닭 황적 혼합, 지는 검은색, 산은 갈색, 물은 백색이다. 물이란 투명하니 백색으로 썼다. 나머지 오지 못한 여섯 분은 늦게 와 태양 시차 속으로 못 들어가게 되어서 각자 월화수목금토 행성으로 들어가게 되었다. 12명분과 견우와 직녀 사이가 되어버렸다. 18명의 형제들은 이렇게 헤어지므로 현재의 시간이 약 25시간이 된다. 이 형제분들이 만나는 때가 다음 일식이 나타나야 만날 수가 있다. 세세한 글은 다 못 쓴다. 토막글을 써놓으면 앞으로 인간사가 소설로 찾아 많은 글을 쓸 것이다. 닭 네 마리는 인간사가 삼족오 태양신으로 모시고 살았었다. 4마리 닭이 서있는 모습이 세 다리로 보이니 삼족오로

생각하여 그리된 것이다. 네 마리 일렬의 닭발 문양은 왼쪽 다리 문
양이었다. 네 마리 닭이 한몸이 되어 불을 품어내는 불새닭 선천시
대 하나님이었다. 환인분들의 행보 다음 동방 한반도 메시아 정도
령 정진인 하나님이다.

대한민국 태지산물 태극기는 동방 한반도 메시아 정도령 정진인 하나님

2023. 6. 23. 20:11

대한민국 태지산물 태극기는 동방 한반도 메시아 정도령 정진인 하나님이다. 나 자신은 아이큐가 얼마나 되는지 잘 모릅니다. 어느 학자분의 글을 보면 보통 사람 아이큐는 120에서 130이고, 140~150이면 천재라 하더군요. 나 정도령을 두고 아이큐 430이라 하더군요. 나도 아직 모른다. 허나 나는 신의 정복자, 이긴 자다. 인간으로서 도저히 할 수 없는 일을 한다. 선천시대 하나님을 바꾸고 수성을 끌어오고 땅속 지천공사를 하고 인간사로부터 영혼, 마귀, 잡귀, 병마귀, 곤충의 영혼, 식물의 영혼, 조류의 영혼 등등을 뽑아낼 수 있다. 또한 사람들이 나의 옆에만 있어도 생명체의 영혼을 모두 뽑아낸다. 영혼 도둑이다. 또한 병이 있는 사람들 몸에서 병마를 제거해 주기도 한다. 사람의 몸속을 볼 수 있다. 암세포 등을 쥐의 영혼과 닭의 영혼을 시켜 병균을 제거해 준다. 이런 일을 하다보니 내 몸은 대신 아프게 된다. 인간사 모든 병을 낫게 해줄 수 있다. 어떤 때는 아나콘다 마귀가 대신 도와주기도 한다. 물론 이럴 때도 머리가 많이 아프다. 허나 많은 영혼 등을 뽑아낼 수 있다. 마귀과 동물 영혼 등은 주로 교회 종교를 믿는 사람들에게 많이 들어 있다. 보통 사람들은 이러한 영혼 마귀 자체를 모르고 살아간다. 인간사는 영혼들에 지배 속에 살아왔다. 본래 인간의 정체로 살지 못하고 있는데 사람들은 자기 생각이 옳다 생각하며 살아왔다. 모두가 보이지 않는 영혼의 계략 속에 인간사는 자기 자식도 죽고 부모도 죽인다. 나쁜 짓을 하고 살아왔다. 이 모두가 영혼들의 짓이다. 동방 한반도 메시아 정도령 정진인 이긴 자다. 신을 받들어 모시는 선천시대는 흘러갔다. 2004년부터는 후천시대다. 인간사로부터 모든 영혼들을 뽑아내 버리면 인간은 진화하여 인간답게 살아간다. 이 글 뜻이 후천시대 흐름으로 이어진다. 삼족오 세 발달인 새는 까마귀가 아니다. 중국이나 일본은 까마귀로 알고 있다. 삼족오 불을 품어내는 불새닭은 한반도 지도다. 또한 수탉 삼족오 불새다. 삼족오 불새는 선천시대 하나님이었다. 지금은 나와 동명이인으로 같이 일을 하지만 모든 일이 끝나면 삼족오 닭새는 대한민국 한반도 지도 속에 새겨둘 것이다. 후천시대 하나님은 대한민국 태지산물 태극기요, 동방 한반도 메시아 정도령 정진인 하나님이다.

태극기 중앙 문양이 지구 지하와 천지 만물의 흐름선

2023. 6. 23. 9:03

　동방 한반도 메시아 정도령 정진인 하나님이다. 태극기 속내경 에스라인 두선은 지천공사에 사용한다. 에스라인 둘을 묶어 지하 상단에 심는다. 하나는 원유 흐름 동서남북으로 묶인 두 라인 원유 흐름선이 되고 또한 둘을 하나로 묶은 라인선은 마그마수 및 용암이 흐를 수 있는 선이다. 에스라인 두 줄을 묶은 선 하나는 지구 지하 하단 약 600킬로 깊이 지점 동서남북 방향으로 하고, 중심을 태평양 중심에 심는다. 또한 둘을 하나로 묶은 라인선은 지구 지하 상단에 독도 부근 북동쪽 2375킬로미터 지점에 심어놓는다. 원유 흐름 선이다. 깊이는 3333미터에서 4100미터 지점에 수로 흐름선을 배치한다. 또한 7광구 쪽 원유는 독도 2375킬로 지점으로 합류시킨다 후천시대에는 모든 지진이 태평양 중앙, 대서양 중앙, 인도양 중앙, 서해양 중앙 지점에서 일어나게 한다. 지천의 흐름선이 태양 테두리 모습이다. 또한 태극기 중앙 문양이 지구 지하와 천지 만물의 흐름선이다. 태지산물 태극기 태양 테두리 단풍잎 문양은 천지공사에 사용한 용도다. 수성을 다른 행성에 지장 없이 지그작의 형식으로 운반하게 된다. 다른 행성의 빨려들면 안 되기 때문이다. 모든 행성은 자력에 의하여 빨려들기도 하고 밀어내기도 한다. 그런 과정에 반대로 뒤집혀 부착될 수가 있다. 지구에라도 부착되면 지구는 지맘대로 구르며 모든 걸 폐허로 만들어 버린다. 다음으로 한반도 정도령….

대한민국은 부정 비리 때문에 인간이 망가졌다

2023. 6. 22. 22:26

대한민국의 영아, 유아의 죽음, 왜 이렇게 많단 말인가? 인간사가 이토록 망가졌단 말인가? 대한민국 정부와 국회의원 등 분들은 책임져야 합니다. 정치를 잘못하여 생긴 일입니다. 고액 연봉에 자기네들끼리만 배불리 정치하느라 서민들 어려움을 무시해 버린 정치인. 선거 때만 서민정책을 한다고 서민들을 농락하며 공약으로 일삼아 놓고 국회로 들어가면 언제 그랬냐는 듯 자기네 잇속만 챙겨 먹다 인구가 줄어든다, 아이를 안 낳는다 걱정하면 뭐합니까? 나라가 이렇게 시끄럽고, 국회의사당은 맨날 싸움판이 된 지 오래되었다. 언제쯤에나 서민들의 눈물이 마를까요? 현실의 대한민국 한심합니다. 사기꾼들이 득실, 마약범이 득실, 부정 부조리가 득실, 주식 사기범이 득실, 범죄자들이 득실. 배웠다는 대한민국 국민들은 대학교와 대학원 등 사기꾼이 되기 위해 가르치십니까? 한심한 대한민국. 실정 정부와 국회는 부정 부조리, 이러한 비리부터 잡아야 합니다. 대한민국은 부정 비리 때문에 인간이 망가졌습니다. 현재 정치인이 책임지고 해결하셔야 합니다. 할 수 없는 정치인은 사퇴하시오. 현재 국회의원 수가 너무 많습니다. 203명이면 됩니다. 나머지 수의 고액 연봉이면 대한민국 서민들의 고통을 50프로는 덜어줄 수 있을 것입니다. 동방 한반도 메시아 정도령 정진인 하나님이다.

인간사 1번지 환인분들의 행보

2023. 6. 22. 21:18

환인분들은 주로 사슴과 동물들과 결합체가 되었다. 임팔라, 산양 등으로 이루어 인간사가 탄생하여 지금에 이르렀다. 환인 18분과 여러 종의 동물과 결합 속에 다양한 체질의 인간사다. 인간사 1번지 환인분들의 행보. 한반도는 사슴과 결합체되어 인간사를 번식하였다. 또한 아시아는 사슴과 동물들과 결합체가 되어서 인간사를 번식하였다. 영국 쪽, 유럽 쪽은 산양과 동물들과 결합체가 되어서 인간사를 번식하였다. 중앙아프리카는 침팬지, 고릴라과 동물과 결합체가 되어 인간사를 번식하였다. 서양 쪽 말레이시아, 브라질, 남아프리카 쪽은 혼혈다민종으로 이뤄졌다. 환인분들은 이렇게 다양한 동물과 결합체가 되어 인간사를 탄생시켜 인류역사를 만들었다. 이렇게 인간사의 근본은 지금껏 선천시대 인간사 6500년 세월을 보냈다. 2004년 후천시대를 맞이하게 되어 자연신과 삼족오 선천시대 하나님은 지상의 임영일 몸속에 들어와 후천개벽 시대를 내려 주었다. 빛의 영원 동방 한반도 메시아 정도령 정진인 하나님으로 지상의 난세 혼란의 시기를 정리정돈 하며 천지공사와 지천공사를 해결하기 위하여 후천시대 정도령 하나님으로 인간사 사람의 몸으로 하나님이다. 이긴자….

미래란 내일부터다. 앞날의 일들을 미리 글로 써놓는다. 내 글과 입에서 말이 나오면 그대로 현실화된다. 동방 한반도 메시아 정도령 정진인 하나님의 위력이다. 정도령….

자연, 바람, 구름, 태양, 자연 신께 부탁합니다

2023. 6. 22. 20:46

　동방 한반도 메시아 정도령 정진인 하나님이다. 자연, 바람, 구름, 태양, 자연 신께 부탁합니다. 대한민국 한반도의 장맛비를 현재 예측의 많은 양의 비를 50프로 축소하여 내리게 하여주십시오. 자연, 바람, 구름에게 천명을 내린다. 태양의 아들 정도령 하나님의 천명이로다. 장맛비를 11월, 5개월 나뉘어 적당히 뿌리라. 정도령….

일본에 관하여

2023. 6. 21. 11:23

　동방 한반도 메시아 정도령 정진인 하나님이다. 일본에 관하여, 일본은 18년 후면 수장됩니다. 대한민국 정부는 일본과 모든 교역을 서서히 끊어가야 합니다. 후쿠시마 방사능 오염수 방류는 막아야 한다. 약속을 지킬 줄 모르는 일본. 일본이란 나라는 훗날 전쟁을 일으킬 나라 1호 대상이니 일본 영토와 언어 모든 것을 수장해 버릴 것이다. 독도 문제, 7광구 문제 지금은 해결이 안 됩니다. 일본의 속셈은 너무 뻔합니다. 일본은 대한민국을 너무 쉽게 생각합니다. 옛날부터 많은 외침과 36년 세월 동안 우리를 식민지 아래 통치하였습니다. 패망한 나라 다시는 전쟁을 하지 않겠다고 약속해 놓고 자위대로 안 되겠다 싶어 국군을 설립하겠다 했다. 이렇게 실의 없는 일본이다. 대한민국은 엔화 보유를 하지 말아야 합니다. 나중엔 무용지물이 됩니다. 7광구 영토는 18년 후면 대한민국 영토가 됩니다. 정도령…

68

닭새의 역사는 7만 년의 역사를 가지고 있다

2023. 6. 21. 7:52

동방 한반도 메시아 정도령 정진인 하나님이다. 천택지인 정법으로 세상사를 구원한다. 만물생물은 나의 형제요 나의 친구요, 정도령 자연신은 태양신. 자연신은 한반도의 환인이 태어나게 하였다. 자연의 태양신은 무다. 아무것도 없다. 빛의 영원 정도령 태양의 아들 선천시대 하나님은 삼족오 닭새로 하여금 하나님 행세를 하였다. 변화무상 불을 뿜어대는 하나님은 인간사와 교류를 해왔다. 한반도 지도 문양인 삼족오 닭새는 선천시대 하나님이었다. 삼족오 닭새는 한반도를 택하여 백두산 기슭 솔나무 가지에 거미줄을 쳐 그 속 안에서 인간사를 18명의 환인을 환생시켰다. 그 당시 기후 적도 위도인 한반도는 인간사가 태어나기 최고의 용이한 때에 태어나게 한 것이다. 삼족오 닭의 새는 하나님으로 형상을 보여주지 않았다. 불새이기 때문에 인간사와 교류는 하였으나 불의 비춤으로 인간사는 하나님 형상을 볼 수가 없기에 하나님 형상이 없다고 종교계가 전파하였다. 삼족오 불새의 닭 하나님은 7만 년 역사를 가진 삼족오 불새 닭은 선천시대 하나님이었다. 삼족오 불새의 닭 하나님은 지상에 내려와 후천시대 동방 한반도 메시아 정도령 정진인 하나님과 동명 2인으로 세상사를 구원하고 있다. 아직 알 수 없으나 불새 닭 하나님은 한이 많은 뜻이 있기에 불을 뿜어내었다. 현재도 한반도 지도 문양이 뚜렷하지가 않다. 다리가 셋인데 둘밖에 없다. 현재 셋으로 보이는 것은 부리를 포함해서 보이기

에 다리 셋으로 보인다. 고구려를 찾아 삼족오 불새 닭 하나님 형
상을 확실하게 만들어 한반도 지도 속에 새길 것입니다. 정도령….
후천시대 하나님이다.

닭새의 역사는 7만 년의 역사를 가지고 있다. 동물들의 역사는
여러 가지다.

최초 환인은 태양으로부터 환생하였다

2023. 6. 20. 22:20

　　인간사 뿌리를 찾으러 갑니다. 환인부터 환웅 단군으로…. 환인 18명분들의 행보는 인간사의 최초 환인은 태양으로부터 환생하였다. 백두산 기슭 솔나무 가지 사이에서 태어나 사슴들에 의해 사슴의 젖을 먹고 자랐다. 그래서 인간사와 동물은 염색체가 같아져 인간사가 탄생할 수 있었다. 다음 인간사 탄생 결합체는 황인종 사슴과 결합체다. 흑인종은 고릴라 하고 결합체다. 백인종 산양하고 결합체다. 현재 우리 역사 단군신화 곰 웅녀의 결합체는 잘못되어 있다. 인간사 역사는 약 6500년이다. 한반도 대한민국 단군신화는 6500년 역사 맞다. 현재 4500년으로 된 것과 웅녀 결합체를 바꿔야 한다. 이집트 역사도 약 5500년 역사가 잘못 기제되었다. 우리와 비슷하다. 새로 생긴 나라들 역사는 얼마 안 되지만 원초 나라들은 많은 차이가 없다. 환인은 백두산 기슭 솔나무 한 그루에 18가지 사이 자연 거미줄 속에서 18분의 환인이 환생하여 사슴동물들의 의해 18분들은 형제로 살아왔다. 성년이 되자 뿔뿔이 흩어져 동물들과 결합체가 되어 인간사가 탄생한 것이다. 우리는 단일민족이다 하였으나 몇 분의 환웅분의 결합체인지는 아직 모른다. 다른 분도 있기에 우리 체질은 각기 다르다. 아시아 쪽은 사슴 결합체다. 1편으로 2편은 다음에 동방 한반도 메시아 정도령 정진인 하나님이다.

어지러운 세상사 정리정돈을 하리라 정도령

2023. 6. 20. 19:07

태평양 섬나라들은 30년이면 물속에 수장된다 하여 근심 걱정을 많이 하고 있는 줄로 알고 있습니다. 허나 걱정하지 말라. 동방 한반도 메시아 정도령 정진인 구세주가 태평양 섬나라들 구제하고 인간사도 구원할 것이다. 2004년 후천시대 하나님이다. 천택지인 정법으로 만물생물은 나의 형제요 나의 친구요, 행복, 즐거움, 희망으로 살라. 지금 후천시대는 모든 종교가 태양신 정도령 하나님 한 분만의 믿음으로 설립하여 태지산물 태극기와 태지산물 만국기를 사용하여 종교를 설립하라. 곧 인간사 생명수가 되리라. 신을 모시고 살아온 선천시대는 흘러갔다. 2004년 후부터는 후천시대다 정도령… 현재 일본 후쿠시마 방사능 오염수 바다에 흘려보내겠다 주장하는 일본. 버리지 못하게 막아야 한다. 지금 막지 못하면 훗날 곤욕을 치루게 된다. 일본 수산물을 수입 전면 금지하라. 일본 수산물을 수입 판매를 하시는 분들은 당장 어려움이 있으나 훗날 우리 형제, 우리 자녀들의 고통을 덜어주셔야 합니다. 지금 당장은 모릅니다. 방사능은 약 30년 후부터는 나타납니다. 지금 일본 후쿠시마 방사능 오염수 방류를 못 막으면 훗날 대한민국은 12조 원이 들어갑니다. 12조 원의 돈은 결국 서민들이 충당하게 되고, 서민들의 눈물 젖은 돈이 됩니다. 또한 형제들의 눈물이요, 내 자식들의 눈물이 되리라. 훗날 내 자식들의 고통의 눈물을 아셔야 합니다. 이긴 자 동방 한반도 메시아 정도령 정진인 하나님이다. 천택지인 정법으

72

로 세상사를 구원한다. 만물생물은 나의 형제요 나의 친구요, 어지러운 세상사 정리정돈을 하리라 정도령….

천지의 구멍을 뚫은 사람

2023. 6. 19. 22:01

동방 한반도 메시아 정도령 정진인 하나님이다. 내가 천지를 약 18년 전에 뚫어놓았다. 불교계는 영혼들을 극락으로 보내는 것밖에 모르던 불교 종교는 남이 뚫어놓은 천지의 구멍 들먹이다니. 남의 것을 도용하여 쓰고 있다. 불교 석가와 부처를 모시고 있으면서 남의 것을 도용하다니. 불교를 믿는 스님네들 바른 마음 정직한 마음인 줄 알고 불교를 믿는 신도들께 민망스럽지 않습니까? 어차피 모든 종교는 13년 후 폐지할 겁니다. 지구상의 모든 종교는 하나로 합친 태양신 태지산물 태극기와 동방 한반도 메시아 정도령 하나님 한 분의 믿음으로 인간사는 살아가야 합니다. 이것이 후천시대 새로운 역사 창조 시작입니다. 그동안 목탁을 두드리고 법구경을 많이 배우고 하면서 석가 부처님의 마음 하나도 헤아리지 못한 중생들이여, 이제 그만 하산하십시오. 천지의 구멍을 뚫은 사람은 동방 한반도 메시아 정도령 정진인 하나님이다. 국회의사당 앞 입구에 어느 절 스님은 천지 구멍에 대해 글로 표현하고 영혼 등을 천지 밖으로 보낸다는 뜻을 글로 적어둔 것을 보았다. 어느 스님네인지 정도령이 뚫어놓은 천지 구멍을 논한단 말인가. 나쁜 스님네다. 불교 종교 또한 미륵불이 정도령으로 동방에 내려오니 어쩌니 허무맹랑한 말을 한다. 천만의 말씀입니다. 정도령 하나님은 무신론자다. 동방 한반도 메시아 정도령 정진인 하나님이다. 천택지인 정법으로 세상사를 구원한다. 만물생물은 나의 형제요 나의 친구요.

희망의 그날

동방 한반도 메시아 정도령 정진인 하나님이다. 삼족오 닭새의 하나님 삼족오 닭새의 형상이 뚜렷하지 않다. 삼족오는 고구려를 합친 한반도 지도 문양인데 현재는 둘뿐이다. 고구려를 찾아서 남과 북 고구려를 삼위일체 통합하여야 세 다리가 생긴다. 부리 세 다리 형상은 완전한 형태로 삼족오 닭새가 되고, 대한합중국 대한민국으로 세상사를 이끌게 된다. 천지공사와 지천공사가 마무리되는 날 삼족오 뚜렷한 문양을 볼 수 있다. 몽골에서 남쪽으로 초승달 문양 180도로 갈라버리면 삼족오 확실한 세 개의 다리가 나오고, 확실한 부리까지 완전한 형상이 갖추어진다. 삼족오 닭새의 하나님은 한반도 지도 속에 새겨질 것이다. 위대한 대한민국이여, 희망의 그날은 멀지 않습니다. 40년이기는 하나 정도령 최대한 단축시켜 보일 겁니다.

이제부터는 태양신을 믿어야 합니다

2023. 6. 19. 6:42

　대한민국 태지산물 태극기 동방 한반도 메시아 정도령 정진인 하나님이다. 오늘은 말마귀와 보이지 않는 정체의 마귀가 나에게 대항을 하러 왔다. 동물의 영혼과 식물, 곤충, 조류 등 영혼의 신들은 담배연기를 싫어 한다. 그래서 내가 담배를 끊지 못하고 많이 피우며 살아간다. 많은 영혼 등을 흡수하기에 담배를 꼭 피워야 하는 이유다. 이 말을 믿는 사람은 아무도 없다. 종교 교회를 믿는 사람들은 신적인 면을 안 보여주려고 가린 형상이다. 불교를 믿는 사람들은 신적인 면을 다 보여준다. 불교와 교회는 극과 극이다. 불교나 무신론자의 몸속을 보면 영혼, 마귀, 잡귀, 병마귀, 식물의 영혼, 곤충의 영혼, 조류의 영혼 등등을 보여주어 그 영혼들을 뽑아내기가 쉽다. 허나 교회를 믿는 사람들은 다르다. 형상을 안 보여주려고 가린다. 예전 흑백 텔레비전 화면을 덧씌워 보는 것처럼 가려버린다. 인간의 영혼보다는 마귀, 잡귀 등을 몸에 많이 담고 있다 보니 가리는 것이다. 드라큘라를 보면 십자가로 영혼을 퇴치하는 것을 보여준다. 십자가에 종교인들은 마귀, 잡귀 등이 들어있어 사람 영혼을 싫어함으로 불교와 상극이요, 십자가를 두고 믿는 종교는 사탄이니 마귀니 말을 한다. 자기네 몸속에 마귀들이 많이 들어있는 것도 모르고 종교를 믿는 사람들, 이제부터는 태양신을 믿어야 합니다. 반항과 항명은 없다. 무신론이 되든가 지금은 후천시대다. 하나님 또한 동방 한반도 메시아 정도령으로 바뀐다. 13년 후부터 정

도령 하나님이다. 약 63년 후에 태양 속으로 들어가 하나님 활동을
한다. 지금 시기에는 지상에서 세상사를 정리정돈 하고 있다.

모든 종교는 서막을 내린다

2023. 6. 19. 5:54

　나를 아직 아무도 믿어주지 않지만 나는 삼족오닭의 하나님과 동명이인으로 살아가고 있다. 그동안 선천시대 하나님은 한반도 지도 고구려를 합친 대한합중국의 지도문양 삼족오새 닭 문양인 대한합중국 삼족오의 문양인 삼족오 닭이 하나님이었다. 삼족오 닭이 어떻게 하나님이 된 것인지 아직은 풀지 못하였으나 조만간 찾을 것이다. 그동안 삼족오 닭새는 태양 속에 있었으니 그누구도 하나님의 형상이 없다 하였다. 모든 종교에서도 하나님은 형상 없는 하나님으로 믿고 있었다. 삼족오 닭새는 하나님으로서 변화무상하신 하나님으로 우주 만물과 세상사를 다스려 석가와 예수를 지상에 보냈는데 뜻을 이루지 못하여 동방 한반도 메시아 정도령 정진인으로 내려보낸 것이다. 삼족오 닭새는 불을 품어내는 하나님이었다. 바르고 정직한 마음의 닭새의 하나님. 지구 세상사 모든 종교계는 하나님 형상도 찾지 못하고 형상이 없다고 하면서 허무맹랑한 가상의 뜻을 인간사에 전파하며 교회를 증가시켜왔다. 하늘님이고 하느님이고 뭐고 다 파가 갈라져 죽은 사람의 영혼을 교주 삼아 허무맹랑으로 일부 거짓부렁을 전파하고 지탱해 왔다. 지금은 후천시대다. 2004년 이후는 정도령 하나님이 우주 만물과 세상사를 다스린다. 모든 종교는 서막을 내린다. 교회, 절, 성당 등등은 새로운 종교를 믿음으로 바꾸어야 한다. 하나로 통합한 태지산물 태극기 태양신 정도령 정진인 하나님의 믿음으로 종교를 가져야 한다. 13년 이내로 바꿔야 한다. 13년 후부터는 정법으로 집행할 것이다. 동방 한반도 메시아 정도령 선천시대 하나님은 약 28년 전에 지상에 내려와 있었다. 앞으로 약 63년 동안은 하늘천지에 하나님은 없다. 그리고 선천시대 하나님은 한반도 지도 속에 새겨 지상 1 지구 인간사를 다스린다. 동방 한반도 메시아 정도령 정진인은 태양 속으로 들어가 후천시대 하나님으로 우주와 지구 1, 지구 2 두 지구 세상사를 다스릴 것이다.

영혼들은 위계질서가 확실하다

2023. 6. 18. 17:28

2004년 후천개벽 시대는 동방 한반도 메시아 정도령 정진인 하나님이다. 나를 아직 아무도 믿어주지 않지만, 후천시대 하나님이다. 현재는 인간의 몸으로 선천시대 삼족오 닭의 하나님과 동명이인으로 대한민국을 구제하고 세상사를 구원하고 있다. 6월 17일 광화문 광장에는 많은 시위 군중들이 모여있었다. 마귀 등 영혼들을 잡기 위하여 잠시 태극기 철창을 휘두르고 왔었다. 집에 와서 확인해 보니 몇천 년 묵은 마귀. 그것은 아나콘다 및 구렁이였다. 허나 구렁이 마귀도 나를 도와준다. 나를 대신하여 엄청난 영혼, 마귀, 잡귀, 병마귀 등을 흡수하였다. 흡수한 영혼 등은 분산하여 일본 영토, 중국 영토, 러시아 영토, 인도 영토, 미국 영토 등으로 보내진다. 일본을 수장하고 다른 나라는 여러 등분으로 갈라놓으러 보낸다. 일을 끝마치면 천지 밖 영혼의 세계로 보낼 것이다. 영혼들은 위계질서가 확실하다. 지금은 여의도에 나와 마귀사냥을 하고 있다. 인간들 몸속에 숨어있는 영혼들 조만간 모두 정도령 태지산물 태극기로 뽑아낼 것이다.

이긴 자 동방 한반도 메시아 정도령 정진인 하나님이다.

수성을 끌어와 2지구를 형성시킨다

2023. 6. 18. 0:46

지구상의 모든 생체의 영혼, 마귀, 잡귀, 병마귀, 식물의 영혼, 곤충들의 영혼, 조류 영혼 등은 모두 러시아 영토로 집결하여 푸틴 대통령궁과 국군 등등들에게 전쟁을 중단하게 막으라. 불을 뿜어대는 선천시대 닭의 하나님. 동방 한반도 메시아 정도령과 함께 천명을 내리노라. 현실의 지구 세상사에는 쓸모없는 핵을 무장하고 살아왔다. 생명체와 인간사의 살상용이다. 동방 한반도 메시아 정도령 세상사 핵무기를 38년 이내로 모두 없애버릴 것이다. 단축. 대우주에는 생명체가 살 수 있는 곳은 현재의 지구와 수성 2지구 두 곳뿐이다. 지구 궤도로 수성지구는 약 14년 이내로 가져온다. 또한 러시아는 17년 이내에 두 동강으로 분리할 것이다. 정도령. 대고구려 삼족오 다리가 셋 달린 새의 이름은 선천시대 불을 뿜어내는 한반도 영토이자 닭의 새였다. 이 닭은 그동안 하나님으로 군림한 것이다. 변화무상한 닭의 하나님, 왜 어찌하여 하나님이 됐단 말인가. 태양은 자연신인데 애초에는 하나님이 없었다. 대우주 안의 원형 암흑은 몇수억만 년 자전하다 보니 자연히 폭발 과정에 천지개벽이 이루어지고, 흩어진 파편은 우주의 행성으로 퍼져있는 것이다. 태양과 적정거리를 둔 우리의 지구는 생명체가 환생하여 살 수 있는 유일한 푸른 별 1지구 선천시대 흐름이었다. 이제는 후천시대다. 수성을 끌어와 2지구를 형성시킨다. 동방 한반도 메시아 정도령.

앞으로 지구의 인간사는 200세까지 살 수 있게 연장

2023. 6. 17. 6:07

　　선천시대 닭님의 하나님 고구려와 한반도 지도 속의 닭이었다. 바로 삼족오국기 한반도 땅은 원래 다리가 셋이다. 셋 달린 닭이 선천시대 하나님이 된 것이다. 바로 이 닭이 태양의 신이다. 불사신 고구려 시대 때 삼족오 깃발을 달고 태양신을 믿고 살았다. 중국 이전의 나라들 몽골, 수나라, 당나라 등등 나라들은 한반도를 못살게 전쟁을 일삼으며 결국에는 한반도를 묵사발 내어 결국에는 지금의 남북 조그마한 대한민국 그것마저 38선으로 갈라져 있다. 한 맺힌 한반도의 삼족오의 닭은 태양신이 되었으나 인간사는 태양신을 믿지 않고 살아옴에 생명체는 죽은 인간의 신과 동물 등의 신에게 지게 되어 모든 신들에게 지배를 당하고 살아온 것이다. 고구려를 찾으면 삼족오 닭의 다리는 셋이 되며, 갈라진 한반도는 삼위일체 하나의 나라로 통합된 대한합중국이 된다. 대한합중국이란 뜻은 하나로 통합함에 이름이다. 나 역시 소싯적 풀지 못했을 때는 현재 중국하고 합쳐서 세상사를 이끌어가야 하는 줄로 알았는데, 모든 것을 풀어보니 내 생각이 짧았다. 이제 성숙한 정도령 하나님이 되어 대한민국을 구제하고 세상사를 구원하는 데 보다 쉽게 해결할 수 있다. 이제 후천시대이니 내가 죽을 때까지만 동명이인으로 살아가고, 고구려를 찾고 나면 닭의 하나님은 대한민국 한반도 지도 속에 새겨두며 지상에는 선천시대 삼족오 하나님이 한반도의 인간사와 지구 생명체를 다스릴 것이다. 후천시대 동방 한반도 메시아 정도령 정진인 하나님은 현재 인간의 생명체가 다 되는 날 125세 인생 마감으로 태양 속으로 올라가 현 1지구와 수성 2지구와 우주 만물을 다스릴 것이다. 앞으로 지구의 인간사는 200세까지 살 수 있게 연장시켜 놓았다. 인간사에게 더 많은 생명의 시간을 줄 수 없다고 판단하여 201세까지만 하고, 나 역시 125세까지만 살겠다고 맹세 확정하였다. 정도령 후천시대는 삼족오 다리가 합체함에 인간사는 지금처럼 목디스크, 허리디스크, 병마, 당뇨, 무릎절 등등 모든 병이 사라진다. 내가 죽기 전에 다 해결할 것이다. 63년 이내로 동방 한반도 메시아 정도령 정진인 하나님이다.

대한민국을 빨리 구제하는 방법

2023. 6. 16. 21:09

동방 한반도 메시아 정도령 정진인 하나님이다. 자연, 바람, 구름과 태양 자연의 신, 빛의 신, 빛의 영원과 자연으로 감사합니다. 동방 한반도 메시아 정도령의 진화론은 계속 진행한다. 대한민국을 구제하고 세상사를 구원한다. 천택지인 정법으로 세상사를 구원한다. 만물생물은 나의 형제요 나의 친구요, 인간사가 인간들의 죽은 영혼 신에게 지배 속에 선천시대를 이어왔다. 선천시대 영혼, 마귀, 잡귀, 병마귀 등등은 아직도 사람들과 생명체의 속 안에 숨어 살고 있다. 지금은 후천시대다. 이긴 자 동방 한반도 메시아 정도령은 영혼 등 마귀사냥을 한다. 수천 년 묵은 구렁이 동물 등의 영혼들을 정도령 하나님의 대한민국 태지산물 태극기로 철창을 휘둘러 사냥을 하고 활동을 하며 살아간다. 많은 사람이 모이는 곳은 많은 영혼을 사냥할 수 있다. 대한민국을 빨리 구제하는 방법이 된다. 정도령.

지상 최고의 낙원

2023. 6. 15. 16:56

　동방 한반도 메시아 정도령 정진인 하나님이다. 훗날 통일을 하고 고구려를 찾고 나면 한반도는 대한합중국의 나라가 된다. 고구려 영토는 북한 출신과 남한 출신 50대50으로. 정치와 모든 것을 이룩하여 대한합중국 건설을 이러한 방법과 화합으로 희망 있는 나라로 만들어 지상 최고의 낙원이 되리라. 선천시대 하나님과 후천시대 정도령 하나님과 함께 세계를 향하여 건설를 도모한다. 정도령….

제2지구는 동방 한반도 정도령 하나님의 행성

2023. 6. 14. 22:33

대한민국 태지산물 태극기 동방 한반도 메시아 정도령 정진인 하나님이다. 천택지인 정법으로 세상사를 구원한다. 만물생물은 나의 형제요 나의 친구요, 독도 부근의 원유만 끌어올리면 대한민국 국민은 잘살 수 있다. 동방 한반도 메시아 정도령. 일본은 18년 6개월이면 수장된다. 대한민국 서민들을 중산층 이상으로 만들어 줄 것이다. 약 30년 후부터는 제2지구수성에 우주 여행를 갈 수 있도록 하겠다. 제2지구는 동방 한반도 정도령 하나님의 행성이다. 대한민국 국민들에게 즐겁고 희망찬 선물이 될 것이다. 그토록 기다려왔던 구세주 동방 한반도 메시아 정도령. 정도령은 수십 년을 앞당겨 일을 하고 있습니다. 요즘은 수천 년이 된 마귀 사냥을 하고 있다. 나의 몸은 힘이 없어진다. 영혼, 마귀, 잡귀, 병마귀 등을 흡수하다 보니까 그래도 이겨낸다. 이긴 자이니까. 태지산물 태극기를 대한민국 정부에서 빨리 바꾸어쓰면 한결 쉽게 해결될 수 있는데. 아직까지는 눈으로 볼 수 있게 무엇을 보여주지 못했기에 믿는 이가 아무도 없다. 오로지 선천시대 불을 뿜어대는 닭의 하나님과 나 정도령 하나님 자신에게 말할 뿐이다. 지금은 후천시대다. 후천시대는 동방 한반도 메시아 정도령 정진인 하나님이 우주 만물과 지구의 세상사를 거느린다. 동방 한반도 메시아 정도령 정진인….

자신의 죄를 스스로 알라

2023. 6. 14. 6:53

　대한민국 태지산물 태극기 동방 한반도 메시아 정도령 정진인 하나님이다. 대한민국 건곤감리 태극기를 역사 속으로 남기고 태지산물 태극기로 빨리 바꾸어 쓰면 보다 쉽게 국가 발전이 이룩된다. 선천시대가 지난 지 벌써 19년이 됐다. 아무 쓸모없는 대한민국 건곤감리 태극기로 대한민국의 발전을 바라겠다고 하는지. 대한민국 사회를 부정·부조리와 사기꾼들이 득실대는 대한민국을 만들어 놓았으니 이 모두는 정부와 국회의원, 공직자, 고위급 간부 등등은 책임 지고 사퇴하라. 자신의 죄를 스스로 알라. 동방 한반도 메시아 정도령

도대체 우리 인간사가 왜 이렇게 잔인해졌단 말인가

2023. 6. 13. 20:28

　동방 한반도 메시아 정도령 정진인 하나님이다. 도대체 우리 인간사가 왜 이렇게 잔인해졌단 말인가? 고귀한 생명이 태어날 때는 선의 마음으로 태어나는데 난세 현실은 함부로 사람의 생명을 앗아가는 못된 인간들. 악행을 저지른 세상사를 만들어버린 나쁜 인간들. 이 모두가 선천시대 하나님이 지구 세상사를 잘못 다스렸기 때문입니다. 지상 한반도로 가능할 것입니다. 단 한 번의 기회를 얻어 태어난 생명인데 인간사는 왜 이렇게 잔인해졌단 말인가. 인간사가 모셔주는 신들의 잘못이 큽니다. 인간사를 지배하며 너무 많은 악행을 눈감아 주었기에 세상사가 난세로 변해 있습니다. 선천시대 닭의 하나님은 훗날 한반도 지도 땅속에 새겨둘 것입니다. 앞으로는 지상에서 인간사를 다스려주시고, 석가, 예수, 노자, 공자 등 모든 영혼 등등은 동방 한반도 메시아 정도령의 일이 끝나면 천지 밖 영혼의 세계로 보내어 고이 잠들게 하리라. 동방 한반도 정도령 이긴 자.

천지공사와 지천공사는 계속 진행 중

2023. 6. 13. 8:35

대한민국 태지산물 태극기는 동방 한반도 메시아 정도령 정진인 하나님이다. 7년 후 통일을 하고 나면 대한민국 청사와 국회의사당 청와대를 백두산 기슭에 옮긴다. 청와대 대통령궁은 서남쪽 45도 정위치를 바라보고 짓는다. 세상사를 이끌어가는 국제기구 세계 정사를 대한민국 한반도 백두산으로 한다. 동방 한반도 정도령 수성 제2 지구를 약 14년 이내에 끌어와 북동쪽 지구 궤도 라인 45도 정위치의 배치하고, 현재 우리 지구와 27500킬로미터 지점에 수성 중심으로 하겠습니다. 현재 지구의 바닷물을 수성2지구에 약 21조 5억만 톤을 운반한다. 천지공사와 지천공사는 계속 진행 중이다. 정도령 정진인….

우주만물의 신 태양신은 통합신이다

2023. 6. 12. 8:36

2004년 후천개벽 시대를 나에게 내려준 천지 만물의 태양신과 인간사의 계보 환인 환웅 단군 인간사 뿌리는 여기부터 시작되어 현재에 이르게 되었다. 뿔뿔이 흩어진 인간사는 세계 방방곡곡에서 뿌리를 내리고 살아오는 과정에 인간의 죽은 신의 믿음으로 선천시대를 열려왔다. 선천시대는 2004년 이후부터는 후천시대다. 천지 만물의 신들은 나에게 후천개벽을 알려주었다. 이때부터 나는 태지산물 태극기 연구하여 다양한 문양으로 그리기 시작하여 지금 현실에 이르고, 정도령 하나님으로 많이 진화되었지만 아직도 멀었다. 현재 선천시대 불을 품어대는 하나님과 동명이인으로 살아가며 수시로 천지공사와 지천 땅속 공사를 하고 있다. 고구려를 찾을 때까지는 하나님과 모든 생명체의 영혼들과 함께 공사를 계속 진행한다. 약 36년 안에 고구려를 찾은 다음 선천시대 하나님은 대한민국 한반도 지도 속으로 새겨두고 모든 영혼 등은 천지 밖 영혼의 세계로 보내어 고이 잠들게 하리라. 정도령. 이리하여 하나님을 정도령 하나님으로 바꾸게 된 것이다. 우주만물의 신 태양신은 통합신이다. 동방 한반도 메시아 정도령 정진인 후천시대 하나님이요, 태지산물 태극기다.

인간사는 우주여행을 하고 살라

2023. 6. 11. 21:45

　나 정도령은 고 전두환 대통령 집 근처에서 태극기를 그리며 살적에 2016년도에 제2 지구 생명체가 살 수 있는 작은 별 수성을 끌어와 식물, 나무, 풀 등이 자랄 수 있게 모든 영혼과 자연, 바람, 구름 등과 함께 생명체가 살 수 있게 형성하라 천명을 내려두었다. 그 수성 지구는 현 우리 지구와 가까운 곳에 곧 나타날 것이다. 인간사는 우주여행을 하고 살라고 해놓았다. 동방 한반도 메시아 정도령 정진인 하나님이다. 온난화 현상으로 북극에 빙하의 물이 불어나도 일본을 제예 태평양 섬나라들은 걱정하지 말라. 북극 빙하물의 많은 물은 수성이 동쪽 위치로 오는 것은 지구와 달을 피해 와야 하기 때문이다. 자력을 약화시켜 지구와 부딪히지 못하게 제2 지구로 보내어 인간사가 살 수 있게 하리라. 동방 한반도 정도령….

선천시대 닭의 하나님은 어찌하여
하나님이 될 수 있었을까?

2023. 6. 11. 17:55

　후천시대의 하나님이 둘이 될 수 없다. 선천시대 닭의 하나님은 어찌하여 하나님이 될 수 있었을까? 정도령의 숙제로다. 또 한번 닭의 하나님 행로를 찾아보아야 하겠구나. 한반도 대한민국 정도령, 그동안 천지 밖 영혼의 세계로 보내놓은 모든 영원을 다시 지상에 내려오게 하였다. 천지공사와 지천 땅속의 공사를 하기 위해 어쩔 수 없이 고이 잠든 영혼들을 깨워 내려오게 하였다. 내가 하는 일들을 앞당기기 위해서…. 핵무기에 대한 제1호 실험대상 러시아에서 핵무기를 쏘면 그 핵무기는 되돌아가서 자폭하게 하리라. 동방 한반도 메시아 정도령 정진인 하나님이다. 모든 영혼에게 천명으로 명령을 내려놓았다. 이긴 자 정도령….

원전을 약 23년 이내로 모두 없애버리리라

2023. 6. 9. 20:32

　　동방 한반도 메시아 정도령 정진인 하나님이다. 정도령 철창이란 태지산물 태극기와 철봉으로…. 인간사와 얽혀 살아온 영혼, 마귀, 잡귀, 병마귀, 생물의 영혼, 곤충들의 영혼, 조류의 영혼 등등을 잡기 위하여 많은 사람이 모이는 곳에서 태지산물 태극기를 달고 철창을 휘두르게 된 것이다. 일본 후쿠시마 방사능 오염수를 섭취하게 되면 30년 후에 반응이 나타나게 된다. 일본 후쿠시마 방사능을 막으라. 정도령. 현재의 세계적으로 원전을 많이 활용하고 있는 것을 약 23년 이내로 모두 없애버리겠다. 대한민국 원자력 발전소부터 차츰차츰 없앨 것이다. 한반도 정도령….

닭 더하기 계란은 1

2023. 6. 9. 20:07

　동방 한반도 메시아 정도령 정진인 하나님이다. 닭 더하기 계란은 1이다. 전설 속의 문제라 하였다. 누가 이 문제를 만들어 놓았는지 대단한 사람입니다. 『정감록』 예언서에서도 안 보였고, 정도령 글을 올려놓은 블로그에서도 아직 보지 못하였다. 대단한 주역가다. 약 45년 만에 이 문제를 풀고 보니 너무 대단한 분이 만들어 놓았다는 것을 알 수가 있다. 대한민국 최고의 학자분이 만들었을 것이다. 만물생물은 나의 형제요 나의 친구요, 천택지인 정법으로 세상사를 구원한다. 정도령….

고구려를 찾는 그날까지

2023. 6. 9. 4:40

선천시대 닭님의 하나님, 이제 편히 쉬셔야 하는데 그렇지 못해 죄송합니다. 동명이인으로 근로 노동일 하다 보니 고생을 많이 시켜 죄송합니다. 고구려를 찾는 그날까지는 힘들어도 참으시고 나를 많이 도와주셔야 합니다. 대한민국 동방 한반도에는 하나님이 두 명이다. 선천시대 하나님과 후천시대 동방 한반도 메시아 정도령 정진인 하나님과 함께 두 하나님이 대한민국을 구제하고 세상사를 구원한다. 정도령.

대한민국 한반도 지상의 하나님으로 영원하리라

2023. 6. 8. 13:51

선천시대 닭님의 하나님은 친구들을 잃은 지 오래됐다. 석가, 예수, 공자, 노자, 현무자작 등은 이미 천지 밖 영혼의 세계로 들어갔기에 친구들을 잃은 것이다. 불을 품어대는 나와 동명이인으로 친구이자 같이 협동하는 대한민국 한반도 지상의 하나님으로 영원하리라. 이제 후천시대를 동방 한반도 메시아 정도령 정진인 하나님이다. 우주 만물과 지구의 세상사를 다스리겠노라 정도령….

모든 일을 끝내려면은 약 40년이다

2023. 6. 8. 10:01

　　대한민국 태지산물 태극기는 동방 한반도 메시아 정도령 정진인 하나님이다. 선천시대 변화무상하시던 하나님 영혼, 마귀, 잡귀, 병마귀 등은 식물, 곤충, 조류 등 영혼 마귀소굴에 갇혀있었던 것이 맞습니다. 천지에 너무 많은 생명체의 영혼이 있었기 때문에 갇혀있었다. 불을 품어대는 하나님도 많고 많은 마귀 영혼 등을 어찌할 수 없었다. 닭의 하나님도 영원함으로 지탱해 왔으나 하나님 자리로 보존하기는 어려워 동방 한반도 구세주 정도령에게 전수하러 태양신으로 지상에 내려온 것이다. 동방 한반도 메시아 정도령 정진인은 후천시대 하나님이요, 지상의 일이 끝나면 선천시대 닭의 하나님은 대한민국 한반도 닭 문양 속에 새겨두고 동방 한반도 메시아 정도령 정진인은 태양 속으로 가리라. 모든 일을 끝내려면은 약 40년이다. 정도령.

인간사 인체가 각기 다르고 다양한 이유

2023. 6. 6. 14:10

　　동방 한반도 메시아 정도령 정진인 하나님이다. 대한민국 국민은 허리디스크, 협착증, 목디스크의 병을 많이 가지고 살아간다. 이 모두 한반도 38선 허리가 갈라져 있기 때문에 협착증 디스크 환자가 많다. 또한 고구려 땅도 중국 영토로 갈라져 있기 때문에 목의 디스크로 고생을 많이 한다. 목디스크를 수술한다 하여도 전신마비 현상으로 절름발이가 되고, 몸의 마비 현상이 생긴 것이다. 현실의 의학으로는 인간사 인체를 다 못 낫는다. 인간사 인체는 여러 사람의 환인분의 피가 다르니 인간사 인체는 각기 다르고 너무 다양하다. 그 당시 많은 환인에게서 인간사가 태어났기 때문에 체질이 다르므로 인간사는 여러 체질로 이루어져 있기에⋯. 환웅의 계보는 약 18대로, 단군의 후손은 우리의 민족은 단일민족이라 하였으나 지금 현실은 많이 섞어져 있다. 어찌됐던 인간사 민족은 한형제요, 친구다. 동방 한반도 정도령⋯.

하나님 형상을 볼 수 있는 유일한 사람

2023. 6. 6. 4:39

　동방 한반도 메시아 정도령 정진인 하나님이다. 선천시대 하나님을 바꾼다. 선천시대 하나님은 태양신 불사신 닭의 형상이었다. 불사신 형상은 태양빛의 사신이었기에 인간사가 볼 수 없었던 것이었다. 불빛으로 이뤄진 닭의 불사신 빛의 영원이다. 이긴 자 동방 한반도 메시아 정도령은 태양을 바라볼 수가 있다. 또한 전기용접 광채를 바라볼 수가 있기에 닭의 불사신 하나님 형상을 찾을 수가 있었다. 교회나 절 종교를 믿는 사람들은 그 누구도 하나님 형상을 못 찾았다. 그래서 하나님은 형상이 없다고만 생각한다. 동방 한반도 메시아 정도령은 선천시대 하나님를 바꾼다. 앞으로는 태양신 정도령 하나님 믿음으로 지구 인간사는 살아가게 되리라. 이런 뜻이 후천시대다.

불폭탄

동방 한반도 메시아 정도령 정진인 하나님이다. 현재까지는 하나님의 형상이 불을 품어내는 닭이었다. 그동안 하나님으로 군립해 온 닭은 한반도 지도다. 통일을 하고 고구려를 찾게 되면 닭의 하나님은 한반도 지도 속에 새겨둘 것입니다. 대한민국은 영원한 하나님의 나라요, 나 정도령 하나님은 천지공사 지천공사를 끝내고 번개를 잡아 에너지로 쓰이게 하고, 지하에서 전기를 끌어올리는 데 최선을 다할 것이다. 훗날에 지구에 큰 지진이 안 일어나게 함이다. 훗날 내가 죽으면 태양 속으로 가서 영원한 정도령 하나님으로 남을 것이다. 선천시대 불을 품는 닭의 하나님 러시아 푸틴 대통령 궁에다 불폭탄을 뿌려 전쟁을 막으라. 앞으로 어느 나라든 전쟁을 일삼는 나라에는 불폭탄을 뿌려 박살 내버려라. 태양신 정도령 하나님의 천명이다. 앞으로 모든 종교는 13년 후부터는 하나로 통합된 태지산물 태극기 동방 한반도 메시아 정도령 정진인 하나님이다. 태양신 정도령 한 분의 믿음으로 종교를 이어가야 한다. 그렇지 못한 종교가 있을 시에는 선천시대 불을 품어대는 닭의 하나님이 불폭탄으로 박살 내리라.

정도령 하나님, 감사합니다

2023. 6. 5. 14:42

동방 한반도 메시아 정도령 정진인 하나님이다. 하나님이 거대하고 웅장한 모습인 줄로 알았는데 불을 품어대는 닭이었다니 허망할 뿐이다. 변화무상하신 하나님은 더 웅장한 모습일 거야. 계속 찾아보는 중입니다. 하나님하고 소통은 하고 있으나 방법과 계산 모든 것은 내가 찾아서 해결해야 한다. 지금 후천시대는 내가 정도령 하나님이 되어있다. 내 말이 나오면 그대로 세상사에 전달되어 이뤄진다. 나는 고로 정도령 하나님이다. 내가하는 일은 앞날에 이뤄질 일을 미리서 하기 때문에 아무도 모르고 주의에 사람들하고 논할 수도 없다. 믿지를 못하고 오히려 내가 바보가 된다. 또한 내 옆에 있는 사람과 대화를 하고 또한 내 옆에 있기만 하여도 내게로 모든 영혼, 마귀, 잡귀, 병마귀, 곤충의 영혼, 식물의 영혼, 조류의 영혼 등등은 빨려 들어온다. 몸이 아픈 사람들에 몸에서 뽑아낸 병마귀 등은 나를 너무 아프게 한다. 아픈 사람들 병을 낫게 하면서 나는 몸이 너무 아프다. 그 누가 알아주리오. 대한민국을 구제하고 세상사를 구원한다는 게 어렵도다. 첫째는 아무도 몰라주니까 앞으로 인간사는 희망찬 세상을 살아갈 텐데 무심한 인간사여, 언젠가는 믿어줄 것이다. 그날은 가깝게 있다. 정도령 나 자신 정도령 하나님이 되있는데 그래도 태양을 바라보며 '정도령 하나님, 감사합니다.' 라고 한다. 결국엔 나 자신에게 말을 한 격이다. 선천시대 하나님은 닭이었다. 내가 35살 때 태양신이 들어와 닭들이 여지껏 자주 보였

다. 설마 닭이 그동안 하나님이었다니 믿을 수 없는 일이구나. 이제
서야 깨닫게 되었다. 후천시대 하나님은 태양신 정도령 하나님이다.

3등분으로 갈라진 한반도는 인간사 1번지

2023. 6. 5. 4:39

대한민국 태지산물 태극기 동방 한반도 메시아 정도령 정진인 하나님이다. 대한민국 윤석렬 대통령님은 서민들의 농민들의 농산물 쌀에 대한 정부수매가 오른 일입니다. 정부에서 수매하여 농민의 근심 걱정을 덜어주고 수매한 쌀 양곡이 남아돌아가면 못사는 나라 등 북한에 무상 보급하셔야 합니다. 우리는 형제요 우리의 친구요, 대한민국은 빚을 많이 져도 멀지 않은 시기에 많은 돈을 벌고 세상사를 이끌어간다. 7년 후 6월 25일 통일을 하고 우리는 한마음 한뜻으로 북한 영토를 지상낙원으로 건설하여 잘살게 만들어 놓고 고구려를 찾으러 진격하여야 합니다. 3등분으로 갈라진 한반도는 인간사 1번지요 한반도는 하나님의 형상상이요, 한반도는 목이 갈라져 경계선이 되어있고 허리는 38선으로 갈라져 하나님 구실을 못 하여 지금 현실까지 난세로 흘러왔습니다. 하나님의 땅 한반도 고구려를 찾아 하나로 합체할 것이다 정도령.

학교 공부는 인간사 살아가는 데 기초 다짐의 초석

　동방 한반도 메시아 정도령 정진인 하나님이다. 정도령 지금은 후천시대다. 인간사는 일류 세계 역사를 새롭게 편성하여야 한다. 많은 변화가 다가올 것이다. 정도령은 지구의 세상사를 좋은 세상으로 많이 변화시킬 것이다. 『정감록』 예언서의 글 남사고 선생님 그분이 예언한 정도령 전라도 호남땅 나주군 남평면 풍림리 중림동에서 태어났다. 노스트라다무스 남사고 선생님은 대단하신 분이다. 400년, 500년의 일들을 예언하다니 지금 현실에 많은 학자분도 이 사실을 주역으로 학식으로 많은 걸 찾아서 글을 올려두었더군요. 대단한 분들이요. 90프로 정도로 찾으셨더군요. 또한 많이 배운 어느 학식분은 공부 더해야겠더군요. 4년, 6년 대학을 마치고 하였으나 세상사 공부는 빵점이네요. 글을 올리지 마셔요. 학교 공부는 인간사 살아가는 데 기초 다짐의 초석이 될 뿐이다. 건강정신의과 의사분들 학교 공부도 좋지만, 세상사 공부를 많이 하셔가지고 접목하여 의사생활 하십시오. 빙과 영혼 등이 들어있는 사람들을 무조건 정신병자 취급하여 약물 투입으로 낫게 한다. 절대로 못 낫습니다. 환자분 의견도 들어주고 잘 살펴보시고 하여야 삼성병원 고 임세원 의사선생님 꼴이 안 됩니다. 또한 고 임세원 의사선생님이 보던 정도령 하나님입니다. 나를 연구장애인으로 만들어 났더군요. 대한민국 의사분들 더 많은 노력 부탁드립니다.

대한민국을 구제하고 세상사를 구원한다

2023. 6. 4. 10:05

동방 한반도 메시아 정도령 정진인 하나님이다. 나는 8년 전에 전 전두환 대통령 집을 대한민국 정부로부터 줄 것이라 생각하고 바로 근처에서 태극기를 그리며 살았었다. 그때는 전 전두환 대통령 집을 경매한다는 말이 있던 때였기에 대한민국 정부는 고 전두환 대통령 일가를 좋은 곳을 찾아서 이사 이주하게 하시고 편하게 살게 해주십시오. 그 집은 앞으로 정도령 하나님이 귀거하여 대한민국 미래를 설계할 것입니다. 대한민국을 구제하고 세상사를 구원한다. 구세주 정도령.

23대 대통령

2023. 6. 4. 10:03

　윤석열 대통령이 13대로 생각했는데 내 계산법이 틀리군요. 20대라 그러면 임보영은 23대 대통령으로 수정한다. 1과 3은 이승만 대통령, 현재 윤석열 대통령은 13번째 대통령, 14번째 대통령, 15번째 대통령, 16번째 대통령 현재 노무사 임보영 여성 대통령이다. 이 여성은 아주 똑똑한 여성이요, 그 누구보다 대한민국을 위대한 국가로 만들어 세계로 전파시킬 것입니다. 지금 난세의 세계사는 몇 몇 년 이내에 해결한다. 동방 한반도 메시아 정도령 정진인 하나님이다. 천택지인 정법으로 세상사를 구원한다. 만물생물은 나의 형제요 나의 친구요, 정도령….

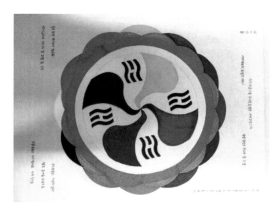

108

임영일은 정도령 하나님

2023. 6. 4. 8:27

대한민국 한반도는 하나님 형상인 불을 품어내는 닭 문양인데 남북으로 허리가 갈라져 있고, 고구려는 북한과 중국 국경선으로 닭목이 갈라져 있으니 세상사가 난세로 이어져 온 것이 문제점의 하나다. 하나님의 문양 한반도가 고구려까지 합세하여야 세상사가 올바르게 전개되리라. 한반도 지도 문양이 곧 하나님의 형상이요, 한반도는 계란형의 속 안은 인간사 환생과 탄생한 곳입니다. 후천개벽과 함께 하나님 정도령은 임영일과 한몸으로 후천시대를 열어가리라. 임영일은 정도령 하나님이다. 메시아 정도령 정진인⋯.

109

지금 현실에 담배 흡연금지 구역을 많이 만들어 놓았는데 잘못된 것이다. 사람들이 곤충들의 영혼을 몸속에 너무 많이 품고 살기에 담배연기를 싫어합니다. 대한민국 태지산물 태극기만이 해결할 수 있습니다. 하나님이 된 정도령은 인간사와 얽혀 살아가는 영혼, 마귀, 잡귀, 병마귀, 곤충의 영혼, 식물의 영혼 등등을 매일 인간사로부터 뽑아내어서 천지 밖 영혼의 세계로 내보냅니다. 인간사 일류가 지탱해 오면서 너무 많은 생명체의 영혼이 있기에 매일 뽑아내어도 또 나오고 또 나오고 한이 없다. 태지산물 태극기 많이 해결할 수 있다. 자연의 섭리 태지산물 태극기는 후천시대 대한민국 영원한 태극기다. 태양이 사라지는 그날까지 영원한 태지산물 태극기다. 태양신 정도령….

정도령, 술 한 모금에 서글픔이 맴도는구나

2023. 6. 2. 21:49

대한민국 태지산물 태극기 형상 없는 하나님의 형상화로 제작된 정도령 하나님이다. 정도령, 술 한 모금에 서글픔이 맴도는구나. 정도령, 술 한 모금에 생명체가 가소롭구나. 타인에 의해 목숨을 내놓는 형국이니 서글프도다 정도령. 인간사부터 생명체를 생식과의 살아가는 형국이니 서글프도다. 모든 생명체는 약자를 먹이사슬로 이뤄져 있으니 서글프도다. 만물생물은 나의 형제요 나의 친구인데 내가 살아가기 위해 생명체의 먹이사슬이 되어야 하는 마음이 심히 불편함에 서글프도다. 천택지인 정법으로 세상사를 구원한다. 만물생물은 나의 형제요 나의 친구요, 정도령 동방 한반도 구세주 정도령 하나님이다.

방사능 오염수 방류를 꼭 막아야 한다

2023. 6. 1. 22:55

　일본 방사능 오염수 검열은 잘못된 것이다. 핵종이 검출되지 않았다면 현재 과학이 불충분으로 보인다. 핵종 검출이 안 됐다 하더라도 지금 현재 방사능 오염수를 얼마나 중화시켰는지는 모르겠으나 그 물을 먹게 되면 인체에서 화학작용으로 엄청난 열이 발생하게 된다. 방류하면 안 된다. 훗날 큰일 난다. 대한민국 국민들이 일본산 수산물을 섭취하므로 훗날 병자들을 어찌하려는가. 대한민국 정부와 국회의원, 국민 모두는 후쿠시마 방사능 오염수 방류를 꼭 막아야 합니다. 현재의 방사능 검열이 맞는다 하면 인간사 과학은 아직 멀었다고 볼 수 있다. 동방 한반도 메시아 정도령 정진인 하나님이다. 천택지인 정법으로 세상사를 구원한다. 만물생물은 나의 형제요 나의 친구요, 정도령….

태양의 아들 태아는 정도령 하나님 아들

2023. 6. 1. 16:41

동방 한반도 메시아 정도령 정진인 하나님이다. 하나님의 형상을 찾다 보니 불을 품어대는 닭 한 마리가 나와 많은 불을 품어대고, 2번째 형상은 여러 가지 사람 형상과 알 수 없는 많은 형상을 보여 주셨다. 하나님은 고구려 땅 머리 문양 닭의 벼슬 문양이 있다. 또한 대한민국 남한, 북한 고구려 땅을 합세하고 대한민국 영토를 늘리다 보니 대한민국 동방 한반도 영토는 계란형이 되었다. 군산에서 동쪽으로 1000킬로 이상 울릉도에서 일본 영토 1000킬로 이상 갈라보니 바다 영해와 합세하니 계란형이다. 또한 3등분 된 한반도를 합세하니 계란 속의 모습은 태양의 아들 태아의 모습이 됐다. 닭 더하기 계란은 1이다. 전설 속의 문제였다. 태양의 아들 태아는 정도령 하나님 아들 1수요 한 사람의 정도령 구세주다.

113

메시아 정도령 대통령으로 인하여
많은 돈을 벌 수가 있다

2023. 6. 1. 5:07

　　동방 한반도 메시아 정도령 정진인 하나님이다. 천택지인 정법으로 세상사를 구원한다. 만물생물은 나의 형제요 나의 친구요, 메시아 대통령이 할 일 대한민국 토지 공시가격을 단계적으로 삭감할 것이다. 30-30으로 행복 즐거움 희망의 보금자리를 투기하여 돈을 벌어 먹고사는 시대는 지났다. 대한민국 국민들은 정치를 잘할 것을 믿으며 혹시나 하고 찍어준 정부와 국회의원님네들 국민들은 또 역시나 후회만 남는 짓을 하였구나 하며 한숨만 쉬게 되는구나. 국회원님네들 많이 배우신 능력이 국회의사당 싸움터로 만들어 놓은 대한민국 국회의사당 현실이 한심하구려. 매일 아래쪽을 쳐다보셔요. 메시아 정도령 대통령 대한민국 현재의 여러 당 체제를 하나의 당으로 통합과 합당시켜 하나의 당, 정의당으로 대한민국을 이끌어 갈 것이다. 대한민국 동방 한반도 메시아 대통령은 세 개의 연금법을 하나로 통합할 것이다. 메시아 정도령 대통령 대한민국 화폐개혁과 함께 돈의 값어치를 올릴 것이다. 화폐개혁하여 숨어있는 돈을 수거하여 대한민국 국민, 서민을 잘살게 줄 것이다. 남녀 결혼을 못 하고 자식이 없으면 서민으로 볼 수 없다. 대한민국은 메시아 정도령 대통령으로 인하여 많은 돈을 벌 수가 있다. 이미 독도 부근으로 원유를 끌어오는 중이다. 천지공사와 지천공사는 18년 6개월 내외면 된다. 지금은 후천시대다. 인간사가 개조되는 때는 3~4년이면 된다. 인간사 변화의 길이 열려있다. 전쟁 없는 세상, 평등 세상, 평등 사회를 만들어 인간사 행복한 삶을 살게 하리라 정도령.

변화무상의 형상

2023. 5. 31. 17:08

　그동안 구세주다, 정도령이다, 메시아라 거짓말을 하고 허풍을 떨고 하던 교주나 못된 사람들 진짜 정진인 정도령은 하나님 성함이요, 하나님이다. 변화무상하신 빛의 영원 하나님이다. 정도령 하나님이 태양신으로 내려오신 것은 천지와 땅속 지천공사를 하여 인간사와 모든 생명체를 이롭게 하기 위하여 내려오신 것이다. 약 28년 전부터 임영일 몸속에 들어와 동명이인으로 대한민국 태지산물 태극기를 연구하여 18년째 그려 완성하였다. 3단계로 쪼개진 한반도 7년 후 6월 25일에 통일을 하고 고구려를 찾아 3쪽을 하나로 통합할 것이다. 또한 일본을 수장시키고, 대한민국 영토를 많이 늘릴 것이다. 모든 종교도 하나로 통합시켜 태양신 정도령 하나님 한 분의 믿음으로 살아가게 하리라. 종교 이름은 정인전이다. 모든 생명체의 영혼 등을 이긴 자 임영일 정도령 정진인 하나님이다. 지금 시대는 후천시대다. 인간사가 개조되며 신을 모시지 않는다. 인간사는 진화하여 평등 세상, 평등 사회를 건립하게 된다. 나 임영일 동방 한반도 메시아 정도령 정진인 대한민국을 재건하기 위하여 메시아 대한민국 대통령으로 추대할 것을 대한민국 국민들에게 알립니다. 대한민국 국민들에게 즐거운 희망을 드리겠습니다, 변화무상하신 정도령 하나님으로부터 변화무상의 형상을 많이 보았다. 모든 방법을 찾아 하나님의 형상과 실체를 더 찾는 중이다.

인생사의 삶

2023. 5. 30. 22:01

　인생사의 삶. 생명체의 영혼들과의 우정의 만찬으로 합니다. 오늘은 잠시 쉼의 낭만이 흐르는구나. 술 한 모금에 최고의 행복, 즐거움을 느끼는구나. 나의 삶이 이 순간 너무 행복하구나. 오늘의 삶이 너무나 즐겁구나. 인생사 오늘은 내일의 과거일 뿐이로구나. 내일의 새로운 삶을 개척하려무나. 동방 한반도 메시아 정도령 정진인 하나님이다. 변화무상 하나님의 실체는 불사신 닭과 모든 생명체다. 천택지인 정법으로 세상사를 구원한다. 만물생물은 나의 형제요 나의 친구요, 대한민국 화이팅 정도령…

117

대한민국과 세계 어느 나라든 동맹국이 된다

2023. 5. 28. 23:04

    동방 한반도 메시아 정도령 정진인 하나님이다. 대한민국 건곤감리 태극기 반쪽의 태양으로 대한민국을 굳건이 지켜왔다. 우리네 부모님네는 예전에 중국에 의하여 힘들게 살아옴에, 일본에 의하여 36년 압박 속에 힘들게 살아오며 해방과 동시에 6.25동란으로 부산만 남고 대한민국 국토는 폐허가 되었으나 대한민국 국민은 미국 도움과 함께 반쪽의 남한으로 굳건이 대한민국을 일으켜 세워 어느 나라 부럽지 않게 위대한 나라로 만들어 놓은 지금 현실의 대한민국. 반쪽의 태양과 반쪽의 남한, 이제는 통일을 이룩하고 온 쪽 태양 아래서 남북이 서로 화합의 힘으로 건설하여 대한민국 인구 1억 이상으로 선진국 대열로 오르며 옛 고구려를 되찾고 또한 대한민국 영토를 더 늘려서 대한민국을 지상낙원으로 만들어 세상사를 이끌어 갑시다. 위대한 대한민국이여, 희망찬 광명의 빛이 밝아오리라 정도령. 대한민국과 세계 어느 나라든 동맹국이 된다. 태평양 섬나라는 잠기지 않게 하겠습니다. 동방 한반도 메시아 정도령….

세상사를 바꾸는 일

2023. 5. 27. 14:33

대한민국 태지산물 태극기를 연구하며 완성하는 데 너무 많은 세월이 흘러갔다. 세상사를 바꾸는 일과 맞물려 시간 세월이 많이 걸리는 것이다. 현재 일본의 방사능 오염수는 절대 방류하면 안 된다. 현재 일본 방사능 오염수는 우리 인체가 크나큰 방사능에 오염되게 만들어 대한민국의 국가예산 12조 원 이상이 들어간다. 대한민국 국민 여러분, 일본 후쿠시마 방사능 오염수 방류를 꼭 막아야 합니다. 도대체 대한민국 정부는 야당이 하고 있는 일본 방사는 방류에 대하여 왜 낙관적으로 대하는지…. 현재 대한민국 정부와 집권당은 대한민국 국민이 맞는지 의심스럽다. 일본 방사는 오염수는 훗날 대한민국 국민들이 먼저 생물을 먹음으로 오염되어 돈은 둘째치고 큰 곤욕을 치르게 된다. 동방 한반도 메시아 정도령 정진인 하나님이다. 정도령….

119

천지공사와 지천 땅속 등과 병자들의 병을 고치는 중

2023. 5. 27. 9:48

동방 한반도 메시아 정도령 정진인 하나님이다. 나는 1단계에서
『태지산물』책 한 권을 내놓은 것이 있다. 지금은 2와 3단계의 한
일들을 『태지산물』2편으로 블로그에 글을 올리고 있는 중이다. 지
금까지 천지공사와 지천 땅속 등과 병자들의 병을 고치고 하여 몸
이 많이 피곤하구려. 이제는 조금 쉬어가며 많은 일을 하겠습니다.

일본 방사능 오염수 방류를 막아야 한다

2023. 5. 24. 9:50

　동방 한반도 메시아 정도령 정진인 하나님이다. 천택지인 정법으로 세상사를 구원한다. 만물생물은 나의 형제요 나의 친구요, 일본은 방사능 오염수를 방류하면 안 된다. 바다 수온이 뜨거워져 있다. 앞으로 더 뜨거워지면 화학반응으로 증가하여 모든 생물체가 오염됨으로 방류를 금지하라. 일본은 왜 안 좋은 것을 굳이 방류하려 하는가? 인간사가 그 생물을 먹고 살아가야 하는데 방사능에 오염된 생선을 먹으면 크나큰 병의 원인이 되어 훗날 치료하는 데 많은 비용이 증가한다. 무작정 방류는 안 된다. 일본은 더 많은 실험과정으로 희석하여 방류할 것을 천명으로 알라. 대한민국 국민은 일본 방사능 오염수 방류를 막아야 한다. 정도령….

대한민국은 위대한 국가로 성장하는
밝은 광명의 빛이 밝아오리라

2023. 5. 23. 21:33

　오늘은 복습 중입니다. 어느 정도 일을 많이 해놓았으니 기다림에 태양신 정도령 하나님께 감사합니다. 고맙습니다. 나에게 큰 행운을 주셔서 감사히 여기겠습니다. 영혼, 마귀, 잡귀, 병마귀 등에게도 고맙습니다. 감사합니다. 식물의 영혼, 곤충들의 영혼에게도 고맙습니다. 감사합니다. 식물의 영혼, 곤충의 영혼이 서로 화합하여 식물, 곤충의 액체를 복제하여 대한민국 국민들에게 주입시켜 주어서 고맙습니다. 대한민국 국민들은 미래세상에는 병고에 고생을 아니하겠구나. 너희들에게 고맙다. 앞으로도 계속 반복하여 투입시켜다오. 지금 현재도 영혼, 마귀, 잡귀, 병마귀 등은 천지공사와 지천 땅속에 흐름선 작업을 하고 있는 모든 영혼님들, 고맙고 감사합니다. 지구 공사와 대한민국 영토를 늘리고 고구려를 찾는 데 고생하신 영혼분들께 대단히 감사합니다. 대한민국 국민들의 아이큐를 20~30을 올려놓겠습니다. 나는 세상사를 구원하다 보니 나의 진정한 삶을 제대로 살아가지 못한다. 즐거움, 행복, 희망을 위하여 항상 열심히 일을 하며 살아간다. 정도령 하나님과 같이 후회 없는 세상사를 만들 것을 대한민국에게 보여줄 것입니다. 대한민국은 위대한 국가로 성장하는 밝은 광명의 빛이 밝아오리라. 정도령….

지금은 시대가 바뀌어 후천시대다

2023. 5. 22. 18:24

　대한민국 태지산물 태극기는 태양신 정도령 정진인 하나님이다. 현실의 종교들 메시아 정도령이 불교에서 미륵이라고 하는 것은 거짓말이다. 교회에서도 예수가 메시아 정도령이니 하고 거짓 설교를 하며 사람들을 현혹시킨다. 종교계들은 거짓을 그만 논하라. 또한 자기가 메시아라고 허풍떠는 사람들, 이제 거짓말은 그만하고 정신 차리라. 지금은 시대가 바뀌어 후천시대다. 선천시대 때 써먹던 거짓말을 지금까지 써먹고 있는 것을 생각해 보면 한심하구나. 학교와 신학과의 배움이 그토록 허술한 교육을 가르친 것이란 말입니까? 정신들 차리십시오. 불교 스님들, 맨날 목탁 두드리고 염불한다고 부처의 마음을 알아냈습니까? 일류 역사 이래 아무도 부처의 마음을 아는 스님은 아무도 없었습니다. 모든 종교는 우상하는 대표 신 석가 부처, 예수, 공자, 노자 등등 우상하는 신들을 버리고 모든 걸 내려놓고 통합으로 태양신 정도령 하나님 한 분의 믿음으로 종교를 지탱하시오.

　이 세상사를 구원할 사람, 동방 한반도 메시아 정도령 정진인 약 28년 전부터 세상사를 구원하고 있는 중이다.

테두리 12시간과 12라인

2023. 5. 21. 20:17

　동방 한반도 메시아 정도령 정진인 하나님이다. 태지산물 태극기의 테두리 만물의 흐름선은 지구를 새롭게 정리정돈 하는 데 쓰임이 있다. 지하 용암이 흐르는 선과 지구를 12라인으로 쓰는 흐름선이다. 일본 영토 동해 끝 지점 1, 미국 영토 서쪽에서 동쪽으로 1킬로 지점 1, 대한민국 서쪽에서 중국 동쪽 1000킬로 이상 지점 1, 중국 동쪽에서 서쪽으로 5쪽 더 가른다. 인도 북쪽에서 남쪽으로 3쪽으로 가른다 2. 러시아 서쪽에서 동쪽으로 1과 남쪽에서 북동쪽으로 1, 모두 합 12라인선 된다. 태지산물 태양 테두리 12시간과 12라인은 지구를 가르는 데 라인이 되며, 지구의 정돈 라인이 된다. 지진과 온난화를 막는 데 쓰이고, 미래를 위하여 정돈된 것이다. 정도령 정진인 태양신의 성함이요, 천택지인 정법으로 세상사를 구원한다. 만물생물은 나의 형제요 나의 친구요 정도령….

124

지구를 영원토록 보존하려면

2023. 5. 20. 22:22

대한민국 태지산물 태극기는 동방 한반도 메시아 정도령 정진인 하나님이다. 천택지인 정법으로 세상사를 구원한다. 만물생물은 나의 형제요 나의 친구요, 우리네 현실은 온난화로 바다의 수온이 오르고 지구 땅속의 불, 쉽게 용암 등이 많아서 지진도 일어나고 뜨거워졌다. 지구를 영원토록 보존하려면 지하에서 전기를 끌어올려 사용해야 한다. 수억 년 세월 속에 비가 올 때면 번개 전기가 너무 많이 흡수되어 있으며, 인간사가 발달하면서 전기를 쓰고 살아오는 과정에 땅속으로 많은 양의 전기 흐름이 흡수되어 지구 땅속은 불덩이가 많이 쌓여 온난화 현상이 일어난다. 지금 시점부터는 번개를 잡아 에너지로 쓰고, 땅속에서 전기를 끌어올려서 써야 지구의 보존을 장담할 수가 있다. 아직 인간사는 이 두 가지를 모르고 있다. 또한 종교분쟁은 서로 다른 신들을 우상하에 모시고 살고 있으니 한마음을 같지 못하고 하다 보니 전쟁 등으로 패망하며 살아온 인간사 현실 영혼, 마귀, 잡귀, 병마귀 등은 인간사를 지배 속에 현실까지 이어졌다. 생명체의 영혼 이 세 가지를 해결해야 된다. 지구를 지금 이 상태로 두면 멸망한다. 나는 정도령 하나님과 1인 2역으로 대한민국 태지산물 태극기를 그리며 근로자로 살아간다. 형상 없는 빛의 영원은 태지산물 태극기가 동방 한반도 메시아 구세주 정도령 하나님이다.

나는 한 인간으로서 모든 신을 이기고 하늘 천지를 뚫은 사람이 되어 영혼, 마귀, 잡귀, 병마귀 등을 천지 밖 4차원의 세계, 영혼의 세계로 보내어 고이 잠들게 만들어 놓았다. 천지 밖 영혼의 세계는 무궁무진 넓고 높다. 다음으로 정도령….

지금도 천지공사와 지천 땅속을 공사 중입니다

2023. 5. 19. 22:39

　대한민국 21대 대통령님은 취임식을 끝내고 대한민국 태지산물 태극기를 바꾸어 달고 대통령직을 수행하셔야 합니다. 지금 빨리 바꾸어야 하는데 대한민국 국민들이 모두가 먼저 알아야 호응할 것입니다. 태양신 정도령 하나님의 형상화 정도령 하나님은 생명체의 영혼이 아니므로 형상이 없으며, 태양 빛의 영원이시다. 빛의 영원 하나님 태지산물 태극기는 동방 한반도 메시아 정도령 정진인 하나님이다. 지금도 천지공사와 지천 땅속을 공사 중입니다. 반복하고 또 반복하고 여러 번 공사를 한다. 지구를 남과 북극 대각선상 정위치에 고정하는 것을 조금조금 갖다놓으면서 몇 번이고 반복한다. 온난화를 막으려 하단으로 7킬로미터를 내려놓을 것이다.

대한민국 국민분들께 의견을 묻습니다

2023. 5. 19. 10:10

동방 한반도 메시아 정도령 정진인 하나님이다. 천택지인 정법으로 세상사를 구원한다. 만물생물은 나의 형제요 나의 친구요, 대한민국 국민분들께 의견을 묻습니다. 중국은 옛날에 무력 전쟁으로 영토을 많이 차지하였다. 고구려 땅은 분류 중인데 중국을 더하여 6등분으로 갈라놓아야 할지 고심 중에 있습니다. 대한민국 국민 여러분의 의견을 듣고 싶어 글을 올립니다. 중국과 일본은 옛날에 대한민국을 너무 많이 괴롭혔습니다.

옛 고구려 땅은 인간사가 환생과 탄생하는 곳

  동방 한반도 메시아 정도령 정진인 하나님이다. 만물생물은 나의 형제요 나의 친구요, 천택지인 정법으로 세상사를 구원한다. 중국 대통령 시진핑과 중국 국민들께 전합니다. 지구를 남극, 북극 대각 선상 정위치에 고정되는 날은 멀지 않아 금방 다가옵니다. 늦어도 18년 6개월쯤에 정상궤도에 도착시킬 것입니다. 옛날 한반도 고구려 땅을 대한민국으로 편입시킬 것이니 고구려 땅에서 중국으로 이주할 사람들은 지금부터 떠날 준비를 하셔야 합니다. 떠나지 않는 사람들은 대한민국 국민으로 편입시킬 것입니다. 옛 고구려 땅은 인간사가 환생과 탄생하는 곳이다. 태양신이신 하나님께서 인간사를 탄생시켜 준 곳, 백두산 시점으로 한반도 땅 하나님의 땅이다. 무력으로 빼앗아 간 고구려 땅은 후천을 맞이하여 돌려줄 때가 된 것이니 너무 서운해 하지 마십시오. 지구를 정상궤도에 갖다 놓은 날까지 중국 동해 영토도 일부 잘릴 것이요, 중국의 동해바다는 몽골까지 바닷길을 열어놓을 것이다. 믿지 못하고 해하려 하려면 중국 영토를 여러 갈래로 쪼개버릴 것이다. 정도령 현재는 첫 번째로 천지와 지하를 공사하고 있는 중이다. 앞으로 옛날 고구려 영토는 대한민국 정부공시가 100원으로 한다.

세계 각국 나라에서 써야 할 태지산물 만국 태극기요. 정도령.

인간사에는 아직도 많은 영혼 등이 들어있다

2023. 5. 12. 22:15

　세상사 지금부터 후천시대에는 대한민국 태지산물 태극기를 태양이 사라질 때까지 쓰고 살아야 한다. 정도령 세계 인간사가 전쟁과 총기범, 사기범, 살인범, 납치범 등등으로 어지러운 난세의 세상이다. 후천시대 초반이 어렵고 험난한 기로에 이 시점을 어찌할꼬. 그동안 영혼, 마귀, 잡귀, 병마귀 등등을 많이 뽑아내었더니 어느 정도는 된 것 같아 보인다. 그러나 인간사에는 아직도 많은 영혼 등이 들어있다. 사람들, 무속인, 절, 종교계 등등에 숨어있는 영혼, 마귀, 잡귀, 병마귀 등은 조만간에 모두 뽑아내겠다. 또한 식물의 영혼과 곤충의 영혼도 모두 뽑아낼 것이다.

　하나님이다. 메시아 정도령 정진인 천택지인 정법으로 세상사를 구원한다. 만물생물은 나의 형제요 나의 친구요.

위대한 대한민국 국민이여, 잠에서 깨어나라

2023. 5. 12. 5:17

　동방 한반도 메시아 정도령 정진인 하나님이다. 대한민국 현실 정부 대통령과 국회의원, 공직자, 기업체 등 대한민국을 발전시키고 잘사는 나라로 만들어 놓은 것은 잘하셨습니다. 허나 항상 부정부조리에 욕을 먹고 살아왔습니다. 이 모든 것은 본인들의 마음이 아닙니다. 모두가 영혼, 마귀, 잡귀, 병마귀 등은 지배 속에 살다 보니 본의 아니게 그렇게 된 것이다. 인간은 태어날 때 하나님 마음이다. 영혼의 지배 아래 인간사가 변해 자신도 모르게 욕심과 악령으로 변하여 살아왔다. 현실까지도 사기를 치고, 타인의 목숨까지도 빼앗고 하는 행위는 모두가 옛날 영혼, 마귀, 잡귀, 병마귀 등이 들어있기 때문이다. 이제는 악의 종말이 다가왔다. 앞으로 선의 시대가 되리라. 대한민국 국민부터 바르고 정직한 마음으로 선진국가를 위해 일을 하게 되리라. 위대한 대한민국 국민이여, 잠에서 깨어나라. 밝은 빛의 희망이 다가왔노라. 정도령.

인간의 생명을 연장시켜 놓았다

2023. 5. 11. 17:25

동방 한반도 메시아 정도령 정진인 하나님이다. 천택지인 정법으로 세상사를 구원한다. 만물생물은 나의 형제요 나의 친구요. 인간 삶 인생사 01은 배움의 수요, 02는 생각의 수요, 03은 모으는 수요, 04는 정의의 수요, 05는 이룰 수요, 06은 새명 수요, 07은 원점의 수요, 08은 150세의 수요, 09는 150부터 200세의 수요, 인간의 삶 마지막 수요, 10의 수는 201세. 이 수부터는 천지 밖 영혼의 세상으로 가는 수요. 젊음이여 삶의 인생사를 잘 설계하시라. 지금의 고령도 20~30년은 더 살 수 있다. 이미 인간의 생명을 연장시켜 놓았으니까. 현재까지는 부모님이 돌아가시면 제사를 하염없이 지내고 살아왔습니다. 지금 후천시대부터는 오랫동안 제사를 지낼 필요가 없어졌다. 선천시대는 돌아가셨다 하여도 제사를 지내고 할 적에 죽은 사람의 영혼은 오셔서 맛있게 식사를 하고 가셨다. 이제부터는 죽고 나면 영혼은 오래 머물지 못하고 천지 밖 영혼의 세계로 가서 영원히 고이 잠들게 되어있다. 이긴 자 정도령 하나님의 명령이다.

13년 후부터는 강제로 다스리라

2023. 5. 11. 5:33

동방 한반도 메시아 정도령 정진인 하나님이다. 지구촌 세계 각국 나라는 정도령 하나님이신 태지산물 만국기를 달고 살아가야 한다. 생명체의 영혼, 마귀, 잡귀, 병마귀 등을 분류하는 태지산물 만국 태극기요, 선천시대는 영혼 등으로 지배를 당하고 살아온 인간사는 이제 후천시대를 맞이하여 모든 신을 이긴 자 메시아 정도령 태지산물 태극기와 만국기는 하나님이다. 본 태극기는 영혼, 마귀, 잡귀 등을 흡수하여 천지 밖으로 내보내는 역할을 한다. 미래세상사 생명수다. 후천시대는 모든 종교를 하나로 통합된 종교, 형상 없는 태양신 정도령 하나님 믿음으로 살아가야 한다. 동방 한반도 메시아 정도령 하나님은 생명체의 영혼이 아니다. 빛의 영원 영이시다. 태양이 바로 정도령 하나님이다. 모든 종교는 현재의 형상 등을 버리고 태지산물 태극기와 만국기로 교체하여 종교를 지탱하여야 한다. 13년 후부터는 강제로 다스리라. 어지러운 세상, 난세의 세상, 모든 생체와 인간 세상사를 구원하고 천지공사와 지천공사를 매일 영혼, 마귀, 잡귀, 병마귀 등과 같이서 일을 하며 살아간다. 동방 한반도 메시아 정도령 정진인 하나님이다.

노령화

하나님이다. 메시아 정도령 정진인 동방 한반도 메시아 정도령. 대한민국 연금법, 공무원 사학연금, 국민연금을 통합하여야 한다. 의료보험처럼 의무화로, 현재 연금은 20년까지 주고 현재 미성년이 성인이 되면 의무화로 대한민국 국민 모두에게 적용하여 75세부터 탈 수 있어야 한다. 앞으로 갈수록 노령화가 되기 때문이다. 장애 등으로 일을 못 하는 사람은 주기로. 대한민국 미래를 위하여 정도령.

팔다리가 잘려도 재생하여 원상복구 하도록 하라

2023. 5. 9. 5:23

곤충의 영혼, 식물의 영혼은 서로 화합하여 너희들의 몸속 액체를 복제하여 만병을 다스릴 수 있는 혼합액체를 병마에 시달린 대한민국 국민들에게 투입시켜 병을 낫게 하여라. 도룡용의 식물은 팔다리가 잘려도 재생된다. 식물의 영혼, 곤충들의 영혼은 서로 화합하여 너희들의 몸속 액체를 혼합·복제하여 인간에게 투입하여 팔다리가 잘려도 재생하여 원상복구 하도록 하라. 동방 한반도 정도령 하나님의 명령이다. 만물생물은 나의 형제요 나의 친구요, 정도령….

현재 대한민국 태극기 속 안의
23가지 비밀 속의 내용 하나

2023. 5. 8. 5:04

　동방 한반도 메시아 정도령 정진인 하나님이다. 현재 대한민국 건곤감리 태극기는 역사 속으로 남기고 태지산물 태극기로 교체 사용한다. 대한민국 건곤감리 태극기는 주역으로 이뤄져 있다. 죽은 영혼 신을 모시고 살아온 세상사 영혼 등과 얽혀 만들어진 주역이다. 지금은 후천시대다. 이미 모든 신들은 나에게 졌다. 나를 숭배하고 따르며 같이서 천지공사를 한다. 현재 대한민국 태극기 속 안의 23가지 비밀 속의 내용 하나, 하나님이다. 메시아 정도령의 내용은 잘못된 것이다. 귀신, 마귀, 잡귀, 영혼 등으로 휩싸여 있는 태극기를 하나님 정도령이라 했단 말인가? 잘못됐다. 이젠 후천시대다. 태지산물 태극기로 바꾸어야 한다. 종교계에서 하나님은 마귀 소굴에 갇혀 있다 하는 말은 맞다. 지구의 생명체가 살아온 지가 오래되어 헤아릴 수 없이 하늘 천지에 많은 생명체의 영혼, 마귀, 잡귀, 병마귀, 곤충, 식물 등등이 있었기 때문에 갇혀 있었다. 지금은 태양신으로 동방 한반도 메시아 정도령 정진인으로 지상 서울에 내려와 있다.

영혼들의 천지로 가는 통로

2023. 5. 7. 7:02

    동방 한반도 메시아 정도령 정진인 하나님이다. 천택지인 정법으로 세상사를 구원한다. 만물생물은 나의 형제요 나의 친구요, 나 임영일 이긴 자 정도령 하나님으로 세상사를 구원하고 훗날 죽고 없어도 식물의 영혼, 곤충의 영혼은 훗날에도 인간이 병이 들지 않게 치료를 해주고 나서 대한민국 태지산물 태극기 속으로 흡수되어 영혼의 세계로 가는 통로이니 천지 밖 영혼의 세계에 가서 고이 잠들 것이다. 영원한 안식처다. 만물생물은 나의 형제요 나의 친구요, 천지와 지하공사가 끝나면 후천시대는 대한민국 태지산물 태극기와 만국기로 흡수되어 영혼, 마귀, 잡귀, 병마귀 등 영혼들의 천지로 가는 통로다. 정도령 정진인…

땅에 대한 투기는 있을 수 없다

2023. 5. 7. 6:50

5차 고구려를 일부 남기고 찾으면 땅값은 정부공시가 100원으로 한다. 땅에 대한 투기는 있을 수 없다. 대한민국 인구수는 6억 5천만 명으로 세상사를 이끌어 간다. 지구의 인구수 10분 1로 한다. 백두산 마그마쉼 용암은 지하수를 만들어 서해바다 가운데서 폭발하게 한다. 또한 서해와 동해바다로 수로를 내어 태평양에서 폭발하게 한다. 지하에 모든 지진은 태평양, 대서양, 인도양, 서해양 4곳에서 폭발하게 한다. 수로가 완성될 때까지는 미세한 지진이 일어날 수 있다.

140

영토 밑을 파헤쳐 수장하는 일

2023. 5. 7. 6:49

　　대한민국 태지산물 태극기는 동방 한반도 메시아 정도령 정진인 하나님이다. 태고종 봉원사에 부처신, 벽화신, 관세음보살님신 각종 다양한 신 모두 나와 일본 영토, 중국 영토, 러시아 영토, 미국 영토 등 분산하여 영토 밑을 파헤쳐 수장하는 일을 한다. 현재 일하고 있는 영혼 등과 합세하여 일을 하라. 천태종계 부처신의 제자들은 모두 중국 영토, 미국 영토, 일본 영토, 러시아 영토로 집결하여 지하 속 다른 영혼들과 합세하여 일을 하라. 조계종 부처님 속에 들어있는 신과 벽화 속, 지장보살 속, 관세음보살 등등 형상 속의 영혼, 마귀, 잡귀, 병마귀 등은 모두 일본 영토, 미국 영토, 러시아 영토, 중국 영토로 집결 합세하여 땅을 파헤쳐 수장하여라. 러시아는 북쪽에서 남쪽으로 200킬로미터, 미국은 동해서 태평양 쪽으로 1킬로미터를 수장하여라. 일본은 울릉도에서 동해 끝지점까지 후지산 봉우리 400평만 남기고 모두 수장하라. 울릉도 기준 반달문양 170도를 기준한다. 중국 영토는 서해 군산에서 약 1000킬로미터 이상 수장하라. 반달문양 180도를 기준으로 몽골까지 바닷길을 만든다. 천택지인 정법으로 세상사를 구원한다. 정도령 정진인.

식물의 영혼, 곤충들의 영혼은 모두 나에게 집결하라

2023. 5. 6. 22:33

동방 한반도 메시아 정도령 정진인 하나님이다. 식물의 영혼, 곤충들의 영혼은 모두 나에게 집결하라. 너희들의 특유의 액체를 복제하여 대한민국 국민은 알 수 없는 병에 시달리고, 아픈 사람들이 너무 많으니 복제한 액체를 주입하여 모든 병을 낫게 하여라. 닭과 조류계 영혼들은 대한민국 국민들 몸속으로 들어가 암세포 등 인간사의 해로운 병균을 모두 쪼아먹고 인간의 당뇨, 불치, 난치, 백혈병, 희귀병, 치매, 중풍, 심근경색, 협착증, 관절염, 암병 등등 각종 병을 치료하여 건강한 사람으로 활동하게 만들어 주어라. 만물생물은 나의 형제요 나의 친구요, 정도령 정진인⋯.

천지공사와 지천공사는 그리 오래 걸리지 않는다

2023. 5. 6. 4:55

선천시대는 인간사가 인간의 죽은 영혼, 바로 죽은 영혼신이다. 인간사는 신을 섬기고 살아왔다. 지금은 후천시대다. 이긴 자 정도령 후천시대, 지금은 신들이 나를 숭배하고 있다. 대한민국 태지산물 태극기와 나 정도령 하나님을 숭배로 따르며 천지공사와 지천의 공사를 같이서 하고 있다. 모든 생명체의 영혼은 나를 따르며 지구 세상사를 변형하여 후천시대를 열어가리라. 태지산물 태극기와 하나님 정도령 나 4인방은 하나의 결합체다. 천지공사와 지천공사는 그리 오래 걸리지 않는다. 동방 한반도 메시아 정도령 정진인 하나님이다.

인간사는 진화하여 풍요로움으로
희망찬 세상을 살리라

2023. 5. 5. 5:05

대한민국 태지산물 태극기는 태양, 달, 지구 삼위일체로 구성되어 있다. 중심에 지구 달 속으로 만물의 흐름선 태양과 테두리 반달문양은 대한민국 영토를 넓히고 지하의 흐름을 넓은 바다 쪽으로 이동시키는 데 사용한 만물의 흐름선이다. 4 흐름선과 12 색채의 흐름선은 지상 지하의 만물의 흐름선으로 한다. 천택지인 정법으로 12색채의 순서는 없다. 이긴 자 정도령 후천시대는 대한민국 태지산물 태극기 만국기를 쓰므로 영혼 등과 결별되어 가니 영혼, 마귀, 잡귀, 병마귀 등과 결별해서 살아간다.

모든 신을 이겨버렸으니 인간사가 영혼 등을 지배하고 살리라. 인간사는 진화하여 풍요로움으로 희망찬 세상을 살리라.

태극기를 그리며 세상사를 구원한다

2023. 5. 4. 21:01

동방 한반도 메시아 정도령 정진인 하나님이다. 똑같은 글이 너무 많이 중복 됐다고 생각할 겁니다. 허나 나는 수십 번 반복하여 작업을 합니다. 한두 번 해서 영토를 늘리고 사람들 병을 낫게 하는 것이 아닙니다. 책의 글은 그나마 적게 중복 된 것입니다. 현실의 사기범들 사기를 치고 서민들의 삶을 앗아간 인간들과 삶을 망가뜨린 것은 중죄로 다스려야 한다. 정치인들과 정부가 잘못한 것이다. 서민의 억울한 점들은 모두 정부에서 책임지고 해결하시오. 그동안 정부와 정치인은 눈뜬 봉사요. 귀머거리요, 벙어리였다. 그동안 서민은 정부와 정치인의 노리개였다. 부정·부조리에 연관된 국회의원 여러분은 모두 사퇴하시오. 또한 일본인이 독도가 자기 땅이라 하면 정부와 국회에서 강력하게 항의 대처하시오. 왜 시민들이 먼저 나서 시위를 한단 말입니까? 나는 모든 신을 이긴 자 동방 한반도 메시아 정도령 하나님이다. 하나님과 동거동락 살아온 지 언 27~28년이 됐다. 낮에는 근로노동자요, 밤에는 대한민국 태지산물 태극기를 그리며 살아갑니다. 태극기를 그리며 세상사를 구원한다. 만물생물은 나의 형제요 나의 친구요, 천택지인 정법으로 세상사를 구원한다.

일본은 자중·자숙하라

2023. 5. 4. 6:20

　동방 한반도 메시아 정도령 정진인 하나님이다. 일본 왜 자꾸 독도가 자기 땅이라 우긴단 말인가. 일본의 영토는 초승달 모양같은 영토를 가지고 반달모양 행세를 하려고 하는가? 반달 행세로 독도가 자기네 땅이라 우긴다. 어처구니없는 도발 행세다. 옛날에 무수히 침략전쟁으로 괴롭히고도 뉘우치지 못하고, 초승달이 반달로 둔갑시켜 독도가 자기 땅이라는 못된 인간들. 나는 동방 한반도 메시아 정도령 정진인 하나님이다. 후천시대는 일본이란 영토와 언어는 지구상에서 사라진다. 억지로 우긴다고 하고 교과서에 기재를 하고 해도 소용없는 일이로다. 일본은 자중·자숙하라. 일본은 약 15년에서 18년 정도로 점점 사라져 가고 있으니 타국으로 이주하여 살라.

메시아의 나라, 하나님의 나라, 희망이 있는 나라

2023. 5. 4. 5:17

　동방 한반도 메시아 정도령 정진인 하나님이다. 천택지인 정법으로 세상사를 구원한다. 만물생물은 나의 형제요 나의 친구요, 대한민국의 잘못된 정치 현실. 대한민국의 대기업과 건설회사 사업가들께 그동안 관행으로 정치자금을 주고 국회의원분들께 상납해 온 것을 모두 폐기한다. 부정·부조리에 서민은 죽는다. 국회의원분들은 급여가 적어 활동하는데 힘들면 국가의 세금으로 충당하세요. 대한민국 정부와 국회의원분들께서는 먼저 바르고 정직한 마음으로 모범을 보이셔야 국민들도 따라서 바른 마음, 정직한 마음으로 대한민국을 위해 일을 하고 노력할 것입니다. 국민 모두는 선천시대의 마음을 버리고 희망 있는 후천시대를 맞이합시다. 대한민국 국민 모두 한마음 한뜻으로 바르고 정직한 마음으로 살아가며 일등 선진국이 되고 희망이 있는 나라가 되므로 세계인은 대한민국으로 옵니다. 메시아의 나라, 하나님의 나라, 희망이 있는 나라이니 세계인 대한민국을 찾아오리라 정도령….

영혼의사를 투입시켜 병을 고치겠다

　　어제 오후부터 허리가 너무 아파 시름시름. 오늘까지 아프다. 허리 아픈 아줌마의 통증이 내게로 와서 내가 아픈 것이다. 좋은 일을 하면 내가 이렇게 아프니 어찌할꼬. 하루 종일 맥이 빠져 힘들구나. 그래도 그 언니 허리가 안 아프면 나는 만족한다. 저녁 때쯤 되니 이제 안 아프구나. 될 수 있으면 대한민국 국민 모두를 한꺼번에 영혼의사를 투입시켜 병을 고치겠다. 누구든 저하고 대화를 하고 저의 눈에 띄면 영혼, 마귀, 잡귀, 병마귀 등등은 흡수가 되어버린다. 그렇게 되다 보니 노동일하는 만큼 몸이 힘들다. 시간이 약간 흐르고 잠을 자고 나면 아픔은 사라진다. 이런 신들은 결국 일본 영토, 중국 영토, 러시아 영토, 미국 영토로 분산하여 대한민국 영토 확장하고 가게 되있다. 동방 한반도 메시아 정도령 정진인 하나님이다. 천택지인 정법으로 세상사를 구원한다. 만물생물은 나의 형제요 나의 친구요, 정도령.

148

중국 영토는 옛 고구려 땅이 분산 갈라짐으로 대한민국으로 편입시킨다

2023. 5. 3. 4:44

동방 한반도 메시아 정도령 정진인 하나님이다. 지구에 있는 모든 생체의 영혼, 마귀, 잡귀, 병마귀 등은 일본 영토, 미국 영토, 러시아 영토, 중국 영토로 집결하라. 일본 영토는 울릉도에서 일본 동해 끝지점 약 1000킬로미터를 파헤쳐 수장을 한다. 미국 영토는 동쪽에서 서쪽, 태평양 쪽으로 1킬로미터를 파헤쳐 수장한다. 러시아 영토는 북쪽에서 남쪽으로 200킬로미터를 파헤쳐 수장한다. 중국 영토는 동쪽에서 서쪽으로 군산 지점까지 바다로 편성하고 1000킬로를 수장시킨다. 서해바다는 몽골육지까지 잇는다. 킬로 단위는 중심이고, 태지산물 태극기 태두리 반달 문양은 대한민국 영토를 확장하는 만물의 흐름선으로 한다. 180도 반달 문양으로 작업을 한다. 중국 영토는 옛 고구려 땅이 분산 갈라짐으로 대한민국으로 편입시킨다. 정도령….

메시아 정도령 약 15년 정도로 정리정돈을 하겠다

2023. 5. 2. 4:41

　동방 한반도 메시아 정도령 정진인 하나님이다. 백두산의 화산활동이 100년에 한 번 폭발한다. 앞으로 절대 폭발할 수 없게끔 지하에 수로를 파서 태평양으로 흘러가 폭발하게 만들어 놓겠다. 지구상의 지진과 화산 폭발은 모두 가까운 바다 가운데서 폭발하도록 하겠다. 이러한 것이 지구를 변형시킨다고 할 수 있다. 지구를 변형시키고 후천시대를 맞이하여 대대적으로 변화가 온다. 인간사와 모든 생명체가 살기 좋은 세상을 만들어 놓겠다. 메시아 정도령 약 15년 정도로 정리정돈을 하겠다. 인간사는 하나님 정도령 마음으로 바르고 정직한 삶을 행복과 즐거움과 희망으로 살라. 후천시대는 모두가 정도령 하나님의 마음이 되리라. 정도령….

후천시대는 큰 지진은 바다 가운데서 폭발한다

2023. 5. 1. 7:07

지구를 남극, 북극 대각선상에 이동하는 것을 단축시켜 9년 108개월 내로 이동고정 해보겠습니다. 현재 북동쪽으로 기울어진 2375킬로 바로 세우고 하단으로 4.625킬로미터와 2.375킬로를 합으로 7킬로미터를 내려놓고 고정할 겁니다. 열대화를 막으며 4계절을 지키기 위해서 육지를 수장하는 것도 조금은 단축시킨다. 고구려를 찾는 날은 약 15년으로 한다. 단계적으로 빨라질 수도 있다. 빨라지면 인명피해도 조금은 있을 것이다. 지구를 이동하는 동안에 미묘한 지진이 조금 있을 것이다. 현재 땅속의 마그마쉼 용암 불덩이를 태평양, 대서양, 인도양, 대한민국 서해 중앙으로 끌어내리는 중이다. 후천시대는 큰 지진은 바다 가운데서 폭발한다. 지하에 용암의 수로를 만들어 놓고 바다 가운데서 터지게 해놓을 것이다. 태양신 정도령 하나님이다. 중복되는 글이 많이 있습니다. 매일 반복 작업을 몇 번 해야 하기 때문에 중복이 됩니다.

옛 고구려 땅을 대한민국으로 편입할 것입니다

2023. 5. 1. 5:47

동방 한반도 메시아 정도령 정진인 하나님이다. 이제는 후천시대 그동안 병마귀는 병을 옮기고 잡아가 죽게 만들었다. 이제는 반대로 사람들 몸에 들어가 병을 고치고 살라. 중국 시진핑 대통령에게는 조금 죄송합니다. 옛 고구려 땅을 대한민국으로 편입할 것입니다. 지구를 정리정돈 하는데 중국 영토가 많이 소실됨을 유념하십시오. 지구를 먼저 정위치에 고정하고 아래로 4.75킬로 내려두면서 빠른 시일 내로 고정한다.

152

이런 것들을 해결해야 서민정책이라 할 수 있습니다

2023. 4. 30. 21:47

　동방 한반도 메시아 정도령 정진인 하나님이다. 천택지인 정법으로 세상사를 구원한다. 만물생물은 나의 형제요 나의 친구요, 현재 교회나 절 종교를 상대로 형상 물품 상업을 하시는 분들은 잘 알아두셔야 합니다. 13년 후면은 현 모든 종교가 사라집니다. 허니 다른 품목 내지 다른 상업 쪽으로 생각하셔야 합니다. 지구를 변형시키고 있습니다. 천택지인 정법으로 세상사를 구원한다. 정도령. 대한민국 정부와 국회의 여러분께 대한민국 공시가격을 대폭 내리셔요. 보편적으로 서민들이 상업에 종사하고 있다. 상가 사무실 등에 월세를 단계적으로 하되 우선 30퍼센트를 삭감하게 해주십시오. 월세도 비싼데 부가세까지 업주한테 부가하고 있다. 부가세도 업주가 아닌 주인이 내게 해야 한다. 월세 내고 인건비 주고 세금과 유지비 벌기도 힘들어요. 이런 것들을 해결해야 서민정책이라 할 수 있습니다. 영업을 하는 사람들은 거의 다 12시간 영업을 하고, 일을 누구보다 많은 시간을 합니다. 헌데 돈벌이는 제일 적은 임금으로 살아가다 보니 항상 서민에서 벗어날 수가 없었던 대한민국 사회현실이다. 정도령.

인간사회를 정리정돈 하여 구원한다

2023. 4. 30. 17:40

동방 한반도 메시아 정도령 정진인 하나님이다. 태양신 하나님의 성함은 정도령 정진인이다. 대한민국 국민은 앞으로 태양신 정도령 하나님 한 분만의 믿음으로 후천시대를 살아가야 합니다. 낮에는 태양을 보고 마음으로 소원을 빌어보세요. 병자가 나을 수 있습니다. 2036년 이후는 현재의 모든 종교가 사라지고 하나로 통합된 태양신 정도령 하나님만 믿고 사는 시대입니다. 13년 후다. 또한 대한민국 태지산물 태극기는 형상 없는 정도령 하나님이다. 하나님은 태양신 빛의 영이시다. 하나님과 동거동락 살아가는 나는 하나님의 무한한 능력으로 지구를 쫓겨 변형하고 있다. 지구인은 어느 무기도 나 정도령 하나님한테는 안 통한다. 모든 신을 동원하여 일을 하고 있다. 이긴 자다. 모든 신을 이긴 자 정도령 위계질서가 확실한 신의 세계 현실의 지구 인간사와는 반대다. 현실인은 부정·부조리를 하고, 사기꾼이 난무하고, 부모 형제도 죽이고 산다. 선천시대 때의 것을 현실까지 버리지 못하고 사는 어지러운 난세의 세상. 인간사회를 정리정돈 하여 구원한다. 태양신 정도령….

이제 성숙된 동방 한반도 메시아 정도령 정진인

2023. 4. 30. 5:55

지구가 변형되면 질병이 온다고 생각하시는 분들이 있습니다. 동방 한반도 메시아 정도령 정진인 하나님이다. 질병 또한 최선을 다하여 막아볼 것입니다. 후천시대 병마가 없는 세상을 만들어 놓겠습니다. 평등 사회, 평등 세상을 만들고 대한민국을 일등 선진국으로 도약하고 지상낙원을 만들 것이다. 앞으로 대한민국의 영토를 많이 넓히면서 대한민국을 구제하고 세상사를 구원한다. 대한민국 태지산물 태극기를 그린 지가 약 18년째 태양 아들 형상 없는 정도령 하나님이 몸에 들어온 지가 언 28년 긴 세월이었다. 이제 성숙된 동방 한반도 메시아 정도령 정진인이 됐다.

지구를 변영하는 데 4단계에 이르다

2023. 4. 28. 20:36

　동방 한반도 메시아 정도령 정진인 하나님이다. 천택지인 정법으로 세상사를 구원한다. 옛날 고구려 영토를 찾는다. 고구려 영토는 인간사가 탄생한 곳이다. 대한민국으로 편입을 할 것이다. 18년 7개월 일본이 수장되는 날 같이 이룩하겠다. 한반도 고구려를 중국이 힘을 앞세워 빼앗아 갔던 고구려 한반도를 갈라서 일부는 바다로 쓰고, 일부 고구려 땅은 대한민국으로 합세하면 대한민국 인구는 5억 5천만 명으로 세상사를 이끌어 간다. 지구를 변영하는 데 4단계에 이르다. 정도령.

대한민국에는 밝은 광명의 빛이 밝아왔다

2023. 4. 28. 4:51

동방 한반도 메시아 정도령 정진인 하나님이다. 대한민국 발전과 희망을 위하여 정직한 마음, 바른 인도를 생각한다면 서민정책에 얼마든지 빚을 져도 좋다. 대한민국 태지산물 태극기 돈을 무한정 찍어야 한다. 동방 한반도 메시아 정도령 하나님이 있다. 이미 독도 부근으로 원유가 흘러오게 지구를 변영하고 있다. 그것을 개발하여 쓰고 살아가면 대한민국은 부자가 된다. 개발하고 새로운 역사를 만들어가는 데 무궁무진한 돈이 들어간다. 모든 것은 다 해결됩니다. 대한민국 서민을 먼저 잘살게 합시다. 현재 부동산이 없는 아이, 부부가정의 월세생활부터… 월세를 정부에서 지급하여 주셔야 합니다. 더 나아가서는 대한민국 자녀들을 대학까지 의무교육을 시키십시오. 대한민국에는 정도령 하나님이 오셨습니다. 대한민국에는 밝은 광명의 빛이 밝아왔다. 정도령.

절이나 교회나 모든 종교는 정인전으로 사용한다

2023. 4. 27. 18:29

태양신 동방 한반도 메시아 정도령 정진인 하나님이다. 인간의 신을 우상하에 종교를 믿는 단체는 모든 형상 십자가 부처 그림 마크 등을 폐지하고 태양신 정도령 하나님만 믿는다. 태지산물 태극기는 형상 없는 정도령 하나님이다. 빛의 영이시다. 13년 후부터는 종교의 것, 선천시대의 것을 모두 철회한다. 현실 종교는 세금을 내지 않았으나 태양신 하나님의 정인전은 3분의 1 세금을 내야 한다. 절이나 교회나 모든 종교는 정인전으로 사용한다.

새로운 역사창조는 시작되어 있습니다

2023. 4. 27. 5:20

　동방 한반도 메시아 정도령 정진인 하나님이다. 천택지인 정법으로 세상사를 구원한다. 만물생물은 나의 형제요 나의 친구요, 생명체의 영혼, 마귀, 잡귀, 병마귀 등은 지구를 이동한다. 남극과 북극 정위치 고정하기 위하여 지구를 들어 옮긴다. 동북쪽 23.75 기울어진 것을 바로 세우고 아래쪽으로 4.75킬로미터를 내려놓겠다. 지금 현재 윤석열 대통령은 미국 방문 중에 아부의 말은 금지하셔야 합니다. 앞으로 대한민국이 세상사를 이끌어 가야 할 때가 다가왔습니다. 낡은 관념과 아집을 버리고 새로운 진리를 찾으십시오. 대한민국 국회의원 여러분, 그동안 대한민국 정부와 국회의원 여러분들은 부정부패의 길을 걸어왔습니다. 낡은 관념과 아집을 버리고 후천시대로 접어들면서 새로운 역사창조는 시작되어 있습니다. 바르고 정직한 마음으로 새로운 진리를 찾아 정치를 하십시오. 대한민국 국회의원 여러분, 동방 한반도 메시아 정도령.

159

사람들 몸속에 들어가 병을 고치는 것도
한 번으로 안 된다

2023. 4. 26. 5:18

동방 한반도 메시아 정도령 정진인 하나님이다. 모든 영혼, 마귀, 잡귀, 병마귀 등등은 천지 밖으로 가는 것을 보류하고 지구에서 할 일이 많으니 나중에 천지 밖으로 보낼 것이다. 똑같은 글을 중복하여 써 올린 이유는 사람들의 몸에서 한 번, 두 번 영혼, 마귀, 잡귀, 병마귀 등을 뽑아내기가 어렵다. 너무 많은 생명체의 영혼이 많기 때문에 한 사람은 쉽게 뽑아낼 수 있다. 대한민국 태지산물 태극기를 빨리 바꾸어 쓰이면 보다 쉽게 해결할 수 있다. 허나 지금부터 5년이 되어야 태극기를 바꿀 수 있어 난감할 뿐이다. 중국 영토 킬로미터가 잘못된 것 1000킬로미터 이상이다. 사람들 몸속에 들어가 병을 고치는 것도 한 번으로 안 된다. 2번 이상 해야 한다. 한 사람을 개인적으로 병을 고치다 보면 내 몸이 아프다. 태양의 아들 정도령….

신의 계보

2023. 4. 25. 6:04

태양신으로 내려온 동방 한반도 메시아 정도령 정진인 하나님이다. 천택지인 정법으로 세상사를 구원한다. 만물생물은 나의 형제요 나의 친구요, 의학이 아무리 발달하였다 하여도 병도 진화하여 알 수 없는 병이 많다. 인간사보다도 영혼들은 천 배 만 배 능력을 가지고 있다. 신이다. 모든 신을 이긴 자 동방 한반도 메시아 정도령 정진인 하나님이다. 영혼, 마귀, 잡귀, 병마귀 등은 대한민국을 구제한다. 대한민국 국민들 몸속으로 들어가서 인간사를 구원하라. 정도령의 명령이다. 모든 신을 이긴 자 영혼, 마귀, 잡귀, 병마귀 등등을 이용하여 세상사를 구원한다. 신의 계보는 1) 정도령 하나님 2) 석가 부처님 3) 공자 4) 노자 5) 예수 6) 수도승 7) 목사 8) 혼웅 9) 단군 10) 모든 국민의 죽은 자다….

이 지구의 모든 생명체의 영혼의사는
대한민국으로 집결하라

2023. 4. 24. 17:02

대한민국 태지산물 태극기는 태양신 정도령 정진인 하나님이다. 세상사는 너무 어지럽고 병든 이가 많다. 백혈병, 장님, 희귀병, 난치병, 수술 후 마비병, 기형아, 불치병, 알 수 없는 병 등등 이 지구의 모든 생명체의 영혼의사는 대한민국으로 집결하라. 병든 이들이 너무 많다. 병든 이의 몸속으로 들어가서 병을 치료하라. 선천시대 막바지 흐름을 정리한다. 이긴 자 정도령.

대한민국 영토 수정

2023. 4. 24. 5:37

대한민국 태지산물 태극기는 동방 한반도 메시아 정도령 정진인 하나님이다. 중국 영토 200킬로미터를, 군산에서 1000킬로미터 이상 수정하여 수장시킨다. 이렇게 되면 황사도 조금은 막을 수 있다. 서해바다가 넓어지니 어획량이 늘어나 대한민국 국민의 식량 자원이 풍부할 것이다.

부정·부조리에 나라가 시끄럽다

2023. 4. 22. 22:23

동방 한반도 메시아 정도령 정진인 하나님이다. 대민국 국회의원 여러분, 부정·부조리에 나라가 시끄럽습니다. 선거 때만 시끌벅적 아부의 인사말을 하고 나서 국회 들어가면 돈봉투에 배불리고 국회의원들만 잘사는 나라로 만들어 왔습니다. 이제 그만하시고 바르고 정직한 마음으로 정치를 해야 합니다. 지금 현재까지 돈봉투에 연루된 의원님들은 모두 사퇴하십시오. 대한민국 인구수에 비례하면 203명이면 되는데 현재는 너무 많습니다. 국회의원의 돈봉투는 서민이 죽고 서민의 피와 땀은 국회의원의 돈봉투였다. 서민정치를 한다고 하던 선거는 항상 말뿐이었다. 서민은 항상 생겨납니다. 서민의 고통을 덜어주고 행복, 즐거움, 희망이 있는 대한민국 사회를 만들어주십시오. 대한민국 국회의 여러분과 윤석열 대통령님께 현실에 젊은 사람들이 애를 안 낳는다는 것은 걱정할 필요가 없습니다. 머지 않아 세계인은 대한민국으로 몰려올 것입니다. 바른 정치, 정직한 정치만이 대한민국 일등 선진국가로 번창할 것입니다. 천택지인 정법으로 세상사를 구원한다. 만물생물은 나의 형제요 나의 친구요, 정도령.

국가는 이런 방식으로 죄를 준다

2023. 4. 22. 5:09

중국은 왜 막말을 하는가? 국가와 국가 사이는 막말하고 이래서는 안 된다. 중국 동쪽에서 군산까지 1000킬로미터 이상 수장시킬 것이다. 러시아는 전쟁을 시도하고 고귀한 생명을 많이 죽게 한 죄다. 200킬로미터를 북쪽에서 남쪽을 수장한다. 국가는 이런 방식으로 죄를 준다.

지구를 남극, 북극에 대각선상 정위치에 고정하려면

2023. 4. 20. 4:46

지구를 남극, 북극에 대각선상 정위치에 고정하려면 약 18년 7개월이 걸린다. 조금조금 자주 지구를 옮겨 가고 있다. 일본 영토가 1차 100미터, 2차 1000미터, 3차 울릉도에서 약 1000킬로미터 일본 영토 동해 끝지점 모두 수장되는 날 지구의 위치는 남극, 북극 정위치에 고정한다. 동방 한반도 메시아 정도령 정진인.

23대 대통령은 여성 대통령

2023. 4. 19. 16:21

　동방 한반도 메시아 정도령 정진인 하나님이다. 5년이면 대한민국 건곤감리 태극기는 역사 속으로 남기고 태지산물 태극기로 교체 사용한다. 7년이면 통일을 하고 현재 윤석열 대통령 20대고, 13번째, 14, 15, 16번째 23대 대통령은 여성 대통령으로 대한민국과 세상사를 이끌어간다. 연임제 헌법도 개헌한다. 여성 대통령 성함은 임보영, 현재 노무사 이 여성이 대통령 된 후 전쟁 없는 세상, 평등 사회, 평등 세상을 만든다. 대한민국 국민을 위하는 모든 노력을 다할 것입니다.

지구의 새로운 역사 창조

2023. 4. 17. 6:25

태양은 정도령 하나님이요, 정도령 하나님의 하우스다. 지상에는 대한민국 태지산물 태극기가 정도령 하나님이요, 하우스다. 지구의 인간사가 몰락한 세상에 정리정돈 하려고 정도령 하나님 태양신으로 동방 한반도 대한민국 서울에 내려오시다. 현실은 엉망이로다. 부모 자식을 죽이고 사기꾼들은 없어지지도 않고 부정부패도 사그라들 줄 모르고 파가 많은 각 종교들은 자기네 신이 제일인 줄만 알고 살다 보니 모든 이와 융합이 안 되고 분쟁이 있을 뿐이다. 선천시대 예수나 석가모니 등은 어떻게 세상사를 만들었는지 모르지만 나 정도령은 바르고 정직함으로 세상사를 만들겠다. 나 정도령은 이 지구를 파괴를 할 수 있는 능력을 가지고 있다. 대한민국을 구원하고 세계를 대한민국에서 이끌어간다. 무력으로 일구어진 세상사, 이제 종지부를 찍는다. 지금은 후천시대다. 지구의 새로운 역사 창조로 행복, 즐거움, 희망이 있는 세상으로 만들어 놓겠다.

나의 능력을 꼭 보여주리라

2023. 4. 15. 21:58

동맹국이라니 미국이 대한민국 정부속안을 도청했다. 스파이를 심어두었다. 이런 말이나 되는가? 도저히 납득할 수 없는 일이다. 미국이 동맹국이라 해놓고 도청을 했다는 것은 크나큰 위법이다. 가만두지 않겠다. 두고 보면 알 것이다. 나는 동방 한반도 메시아 정도령 정진인 하나님이다. 나의 능력을 꼭 보여주리라. 국가와 국가 사이에 신뢰를 저버린 미국을 응징하겠노라. 기다려라. 미국 영토 1킬로미터를 태평양으로 수장시켜버리겠다.

나는 무한한 능력을 가진 하나님이다

2023. 4. 15. 5:42

동방 한반도 메시아 정도령 정진인 하나님이다. 현재 쓰이고 있는 건곤감리 태극기는 역사 속으로 남기고 폐지할 때가 되었다. 대한민국 정부는 후천시대 새로운 역사 창조시대가 열렸으니 새로운 태지산물 태극기로 교체 사용해야 대한민국 발전이 활발히 번창하게 되리라. 나는 무한한 능력을 가진 하나님이다. 동방 한반도 구세주 정도령 정진인 하나님이다. 오늘도 영혼, 마귀, 잡귀, 병마귀 등을 흡수하고 인간들의 병마로부터 오염된 인간사를 구제하노라. 나는 현재 근로노동을 하고 있다. 구세인 정도령….

170

후천시대 대한민국의 흐름

2023. 4. 13. 6:23

　대한민국 태지산물 태극기 달 속의 만물의 흐름선 동서남북 4선은 만물을 다스리는 흐름선이라 할 수 있다. 하늘과 땅, 땅속 흐름으로 땅속 자유롭게 안전하게 원활하게 지진 등을 바다 가운데서 일어나게 할 수 있는 만물의 흐름선이라 할 수 있다. 이 흐름선으로 대한민국 중앙 독도 부근에 자원을 흘러들어오게 만들어져 있다. 후천시대 대한민국의 흐름이다. 자연의 흐름으로 만들어 놓으니 대한민국의 밝은 광명의 빛이 밝아오리라. 동방 한반도 메시아 정도령 정진인 하나님이다….

지구의 현실은 온난화 때문에 뜨거워져 있다

2023. 4. 12. 18:52

대한민국 태지산물 태극기는 동방 한반도 메시아 정도령 정진인 하나님이다. 지구의 현실은 온난화 때문에 뜨거워져 있다. 지구를 남과 북극 정위치에 고정하면서 남극 쪽으로 4.75킬로 미터를 내려놓겠다. 온난화도 막고 달력도 한 달에 30일로 맞춘다. 형제여, 친구여 일단 천지공사를 해봅시다. 4.7킬로 500미터를 이동하여 고정한다. 한 달 30일로 하고 하루 24시간 약간 넘은 것은 24시간 정시로 맞춘다. 동방 한반도 메시아 정도령 정진인 하나님이다. 1차….

보다 더 희망이 있는 윤택한 삶

2023. 4. 12. 6:22

　현실의 장애수급자 수급비로 무슨 생활이 되겠습니까? 수급을 주어도 대한민국 정부는 일할 수 있는 사람들과 가족들을 일을 하게 해주셔야 합니다. 보다 더 희망이 있는 윤택한 삶을 살아가게 해주셔야 한다. 수급 몇 푼 주고 가족들에게 일을 하여 벌면 안 되게 만들어 놓은 법을 철폐하고 아무 제재 없이 일을 할 수 있게 하여야 한다. 동방 한반도 메시아 정도령 정진인 하나님이다….

동방 한반도 메시아 정도령은 이겨다

2023. 4. 11. 17:50

　대한민국 태지산물 태극기는 동방 한반도 메시아 정도령 정진인 하나님이다. 인간사와 얽혀서 살아온 영혼, 마귀, 잡귀, 병마귀 등을 흡수하여 천지 밖 영혼의 세계로 분류하는 역할을 할 수 있는 정도령 하나님의 형상이요, 생명체의 영혼이 아닌 빛의 영원이다. 이긴 자 모든 생명영혼과 석가, 예수, 공자, 노자, 마귀, 잡귀 등 인간사 영혼을 모두 이긴 자다. 정도령 그 누구도 신을 이길 수 없는 일이다. 동방 한반도 메시아 정도령은 이겨다. 해냈다. 하여 태양신 하나님과 항상 동고동락하고 살아간다. 벌써 27년째다. 이제 성숙한 정도령으로 세상사를 구원한다. 하나님이다. 메시아 정도령 정진인….

내 법은 대한민국 법이다

　대한민국은 영토가 적어서 석유원유가 없었다. 이제부터는 내가 중동에서, 북극 시베리아에서 원유을 독도 부근 동북쪽으로 약 2.37킬로미터 정도로 끌어올 것이다. 대한민국의 자원 부족으로 고심하였으나 지금 후천시대는 대한민국이 세상사를 이끌어가야 하기 때문에 자원도 풍부해야 한다. 자원이 부족하여 수입만을 의존해야 했던 대한민국은 이제부터는 한시름 덜어졌음이요, 독도를 개발하면 대한민국 부채도 다 갚을 수 있고 하니 서민의 생활을 윤택하게 만들어 주어야 합니다. 대한민국 정부 동방 한반도 메시아 정도령 정진인 대한민국 법은 내 법이요, 내 법은 대한민국 법이다. 태양신 정도령 하나님.

앞으로 약 20년 후에는

2023. 4. 10. 5:36

독도 부근 땅속의 천연자원을 개발하여 대한민국 건립에 유용하게 씁시다. 일본 때문에 눈치 보느라 못했던 자원 개발을 할 준비를 해야 합니다. 자원 개발한다고 해서 일본이 잠긴 것이 아니라 일본은 태양신 동방 한반도 메시아 정도령 하나님이 수장시켜 버린 것이다. 개발을 하여도 절대 무너지지 않는다. 땅 밑의 암반을 아주 튼튼하게 건설해 놓을 것이다. 앞으로 약 20년 후에는 일본이란 나라와 언어는 없다. 훗날을 위해서 앞으로 인간사는 태양신 정도령 하나님 한 분만의 믿음으로 모든 종교를 통합한다. 대한민국 국민 여러분 기뻐하십시오. 가득 찬 희망이 다가왔습니다. 그동안 조그만한 땅 대한민국 이제부터는 자부심으로 마음껏 활개를 펴십시오. 동쪽으로 많은 땅이 확장하겠습니다.

세계 어느 곳이라도 전쟁을 하면
큰 재앙이 있을 뿐이다

2023. 4. 8. 19:32

차후 대한민국 인구수는 3억 6000만 명으로 세상사를 이끌어간다. 약 20년 정도면 일본 영토는 없어진다. 이 글은 마지막 3단계, 일 단계 100미터, 이 단계 1000미터, 삼 단계 약 천 킬로 후지산 정상 400평 남겨두고 일본 영토를 수장한다. 100미터는 2달, 1000미터는 20개월, 1000킬로는 약 20년이다. 일본은 옛날부터 대한민국을 수없이 침략했었다. 지금까지도 독도를 자기네 땅이라 우기고 훗날 나라가 없어질 것을 알고 독도를 자기네 땅이라 억지를 부린 것이다. 훗날 일본이 잠긴다는 것을 이미 알고 살아가는 사람들이 많다. 그렇다. 지진이 일어나 잠기는 게 아니고 동방 한반도 메시아 정도령 정진인 하나님이 훗날에도 전쟁을 일으킬 수 있는 나라이기 때문에 수장시킨다. 대한민국 동해를 계속 확장하면서 일본인을 이주하게끔 받아주어야 한다. 세계 어느 곳이라도 전쟁을 하면 큰 재앙이 있을 뿐이다. 하나님이다. 메시아 정도령 정진인….

177

무한한 능력을 가진 정도령 하나님

2023. 4. 7. 5:57

사람들의 아픈 고통을 덜어주겠다. 예방하며 아픈 사람은 즉시 치료를 하자. 나이가 먹을수록 관절 등 병으로 고생하는 분들을 위하여 치료를 시작한다. 치료를 해주다 보면 영혼을 불러 흡수와 폐기를 하는 과정에 맥이 빠진다. 나의 고통이다. 이런 고통은 얼마든지 참고 지낼 수 있다. 만물생물은 나의 형제요 나의 친구이기 때문에 영혼의 의사분들을 투입시켜 병을 치료해 준다. 동방 한반도 메시아 정도령 정진인 하나님이다. 하나님이다. 무한한 능력을 가진 정도령 하나님이기에 가능하다. 동방 한반도 메시아 정도령 정진인 하나님이다. 천택지인 정법으로 세상사를 구원한다. 만물생물은 나의 형제요 나의 친구요.

기초적인 데이터는 알고 있다

2023. 4. 6. 4:48

번개를 잡아 에너지로 씁시다. 대한민국 한전은 번개 잡는 것을 알고 있는지요. 아직은 누구도 번개를 못 잡는 거로 알고 있습니다. 나 정도령 번개를 잡을 수 있는 방법을 알고 수년 전에 터득해 놓았다. 몇 번 실험만 하면 된다. 번개를 잡아 에너지로 쓰이면 국가에 크나큰 도움이 되리라 봅니다. 번개를 잡아 에너지로 쓰면 현재 전기보다 10분의 1 정도만 내고 살아가면 서민의 생활은 보다 윤택한 삶을 살리라. 우리가 현재 전기를 생산하는 비용이 많은 줄로 알고 있습니다. 전신주마다 피르침이 땅으로 흘러가게 해두었지요. 거기서 몇 번 실험하고 거기서 번개를 잡을 수 있다. 지금 여기에 비가 오지 않는다 해도 강원도나 핵발전소 먼 곳에서 오는 전신주의 피르침에서 번개를 잡으면 된다. 또한 배터리만 만들어 비가 많이 오는 나라에 가서 잡아 오면 된다. 기초적인 데이터는 알고 있다. 위대한 대한민국을 위하여 동방 한반도 메시아 정도령 정진인 하나님이다.

북한 동포 국민 여러분, 그동안 고생 많으셨습니다

2023. 4. 5. 4:57

김일성, 김정은, 할아버지, 아버지 영혼을 몸에 담고 약 73년 권력 역사 사회주의로 지탱해 온 북한 김정은 위원장 및 가족들로부터 공산 사회주의 승계를 마감시킨다. 몸속의 할아버지로부터 가족 모두에게서 영혼, 마귀, 잡귀, 병마귀 등등을 흡수한다. 만물생물은 나의 형제요 나의 친구요, 북한 동포 국민 여러분들 몸속에서도 모두 흡수한다. 정도령 북한 동포 여러분과 함께 김정은 위원장은 통일을 준비하라. 7년 후 통일을 한다. 북한 동포 국민 여러분, 그동안 고생 많으셨습니다. 행복, 즐거움, 희망이 다가왔습니다. 조금만 기다립시오. 제가 갑니다. 동방 한반도 메시아 정도령 정진인 하나님이다. 천택지인 정법으로 세상사를 구원한다.

한번 정신병자의 맛을 보아라

2023. 4. 4. 11:46

동방 한반도 메시아 정도령 정진인 하나님이다. 천택지인 정법으로 세상사를 구원한다. 만물생물은 나의 형제요 나의 친구요, 러시아 푸틴 대통령은 전쟁을 멈춰라. 소중한 생명을 너무 많이 죽였다. 이제 그만 중단하고 협상을 하라. 지금 내가 많은 영혼, 마귀, 잡귀, 병마귀 등등을 흡수한 영혼들을 푸틴 몸속으로 불어넣을 것이다. 한번 정신병자의 맛을 보아라. 인간을 살생한 대가요, 현재는 후천시대요 전쟁이 없는 세상이다. 어느 나라든 전쟁을 하면 고통의 맛을 보여줄 것이다. 하나님이다. 메시아 정도령 정진인.

대한민국 우리 국민 스스로 개척하며 살아갈 것입니다

2023. 4. 4. 5:20

　동방 한반도 메시아 정도령 대한민국 정부는 이제 미군을 철수시켜야 합니다. 미국은 동맹국, 미국 국민은 죽음도 아끼지 않고 대한민국 6.25전쟁 때 전투하여 싸워주고, 나라를 지켜주고, 먹을 것도 주셔서 참 고마우신 미국 국가에 감사의 말씀을 드립니다. 그동안 참 고맙고 감사하였습니다. 대한민국은 통일을 준비할 것입니다. 이제 그만 국군을 철수하십시오. 앞으로는 제가 도와드리겠습니다. 동방 한반도 메시아 정도령 정진인 하나님이다. 천택지인 정법으로 세상사를 구원한다. 만물생물은 나의 형제요 나의 친구요, 선천시대는 지나고 지금은 후천시대입니다. 대한민국 우리 국민 스스로 개척하며 살아갈 것입니다. 인간사 본토는 대한민국 앞으로 대한민국에서 세상사를 정직하고 바르게 이끌어갈 것입니다. 하나님이다. 메시아 정도령 정진인….

대한민국 동해 땅은 계속 확장할 것이다

2023. 4. 3. 17:13

한국 건설은 동쪽으로 진출할 만발의 준비태세를 하셔야 합니다. 설계도 해놓으시고 전남과 남해 부근에서 북쪽까지 항구 대도시 6곳을 개발해 국민들이 보다 행복하고 즐거움으로 살 수 있는 지상 낙원을 건설해야 합니다. 확장된 땅값은 정부공시가 100원. 연금, 의료보험, 통합 의무화. 부동산 투기는 없다. 내일이 될 수 있는 미래다. 임시 항구도시지만 대한민국 양방향 중심도시로 이어지는 핵심도시로 만들어야 한다. 대한민국 동해 땅은 계속 확장할 것이다. 약 천 킬로미터. 동방 한반도 메시아 정도령 정진인 하나님이다….

국민이 살 수 있도록 최고의 도시를 설립해야 하고, 최고의 지상 낙원으로 건설되어야 한다 세계인과 함께 더불어 살아갈 곳이다. 일본인이 대다수 올 것을 생각하면 된다. 1 가구 1 주택 월세로 사업체 가질 수 있다.

정도령 정진인 하나님을 판매합니다

동방 한반도 메시아 정도령 정진인 하나님이다. 자연의 섭리 태지 산물 대한민국 태극기를 천택지인 정법으로 대한민국 정부는 1년 예산안 절반인 3천 600조 원에 사 가져야 합니다. 흡수 통일을 하는 데 쓰일 것입니다. 7년입니다. 일반 국민에게도 자연의 섭리 태지산물 대한민국 태극기를 판매합니다. 책정할 수 없는 가격이나 000000000만 프로 세일가 세계 만국기 함께 40만 원에 정도령 정진인 하나님을 판매합니다. 행복, 즐거움, 희망을 주는 인간사 생명수가 되리라. 하나님이다. 메시아 정도령 정진인….

일이 끝나면 집에 가서 본다

2023. 4. 2. 14:40

병원에서 병명이 안 나오는 것은 아직 의학으로 못 고친 병이 있다. 엑스선, 시티, 엠알아이 등으로 병명을 찾는다. 나도 그런 정도는 확연히 볼 수 있다. 죽은 영혼들은 쉽게 뽑아낼 수 있으나 살아 있는 생명체 병균은 뽑아낼 수가 없어서 쥐의 영혼에게 물어 죽이도록 하여 뽑아낸다. 나는 근로노동일을 하면서 사람들에게서 영혼 도둑을 하고 나면 맥이 빠진다. 유난히 머리가 많이 아프다. 그럴 때는 영혼과 병마귀가 들어온 것을 느낀다. 빨리 내 몸에서 내보내곤 한다. 내보낸 영혼은 잠시 태양성, 곧태양으로 보내어 대기시켜 놓았다. 일이 끝나면 집에 가서 본다. 병마귀가 나온 사람은 병을 몸에 달고 살아간다. 젊음이 있어 병마가 있는 줄도 모르고 살아간다. 내가 그 사람을 보면 암세포가 많이 보인다. 이렇다 해도 누구에게 말을 할 수가 없다. 본인이 모르니 나도 그냥 말아버린다. 태양신 정도령 정진인 하나님이다. 동방 한반도 메시아 정도령.

185

정도령 하나님과 동거동락한 지가 언 27년이 됐다

2023. 4. 2. 6:39

　대한민국 태지산물 태극기와 세계 만국기 대한민국뿐만 아니라 전 세계 국민 모두가 영혼, 마귀, 잡귀, 병마귀 등과 얽혀 살아왔다. 대한민국 태지산물 만국기를 전 세계에 수출해야 한다. 대한민국 국민이 바르고 정직하고 국가를 지상낙원으로 가꾸어 놓으면 전 세계 국민은 대한민국으로 몰려오고 만국기를 원한다. 많은 외화도 벌고. 200백여 국의 나라를 통합한 자연의 섭리 태지산물 만국기요, 밝아오는 대한민국 광명이 빛나는 국가가 되어 세상사를 이끌어가는 대한민국 국민 모두 한마음 한뜻으로 희망찬 대한민국을 위하여 세계로 펼쳐 나아갑시다. 태양신 정도령 하나님은 동방 한반도 메시아 정도령 정진인 하나님이다. 정도령 하나님과 동거동락한 지가 언 27년이 됐다. 만물생물은 나의 형제요 나의 친구요….

태지산물 태극기 중앙에 배치된 4개의 흐름선은 만물의 흐름선이다

2023. 4. 1. 12:56

현재 쓰고 있는 건곤감리 태극기는 주역에 쓰던 팔괘도에서 뽑아 주역으로 제작되어 있다. 역대 중국의 문왕과 복희의 두 왕이 만든 팔괘도다. 주역이 선천시대는 맞았다. 후천시대는 안 맞는다. 주역은 필요가 없어졌다. 건곤감리 대한민국 태극기는 역사 속으로 남기고 태지산물 태극기로 교체 사용해야 대한민국 발전이 활발히 번창하게 되어있다. 태지산물 태극기 중앙에 배치된 4개의 흐름선은 만물의 흐름선이다. 괘라는 뜻은 빼고 만물은 흐름선으로 사용한다. 동방 한반도 메시아 정도령 정진인 하나님이다. 천택지인 정법으로 세상사를 구원한다. 만물생물은 나의 형제요 나의 친구요.

부적에 관하여

2023. 4. 1. 10:59

부적에 관하여, 부적이란 절이나 무속인들이 만들어 자기네 손님들에게 판매한다. 무속인 자기가 모시는 신들이 들어있다. 그 신들에게는 많은 영혼의 신하가 들어있다 이것을 사람들이 갖고 있으면 다른 영혼이 못 들어간다. 어차피 영혼을 달고 살아가는 것은 똑같다. 이제 그런 부적따위 아무 필요 없다. 대한민국 태지산물 태극기는 모든 신을 이긴 자다. 동방 한반도 메시아 정도령 정진인 하나님이다. 모든 영혼, 마귀, 잡귀, 병마귀 등을 천지 밖으로 분류함에 인간사에는 영혼 등이 없어짐으로 신에 대한 모든 종교가 사라진다. 모든 종교를 없애고 정도령 하나님 태양신을 섬기는 하나의 종교로 통합한다. 후천시대 흐름이다. 만물생물은 나의 형제요 나의 친구요, 하나님이다. 메시아 정도령 정진인…

후천시대 흐름으로 영원하리라

2023. 4. 1. 4:59

　대한민국 국민 인구는 통일을 하고 나면 1억 2천으로 일등 선진국을 만든다. 앞전에 1단계 글을 오려놓았다. 2단계 더 많은 땅을 확장하면 대한민국 인구는 2억 5천, 6천으로 세상사를 이끌어간다. 이것이 후천시대 흐름으로 영원하리라. 동방 한반도 구세주 정도령 정진인 하나님의 명이로다. 3단계가 가면은 일본 영토는 없다. 글 내용 중에 물음표가 있다. 만물생물은 나의 형제요 나의 친구요, 자연의 섭리 태지산물 대한민국 태극기는 하나님이다. 메시아 정도령 정진인 천택지인 정법으로 세상사를 구원한다.

동방 한반도 대한민국

2023. 3. 31. 12:42

　동방 한반도 메시아 정도령 정진인 하나님이다. 천택지인 정법으로 세상사를 구원한다. 만물생물은 나의 형제요 나의 친구요, 대한민국 영토를 넓힌다. 지구를 움직여 동해 쪽으로 동북쪽으로 23.75 45도 기울어진 지구를 정위치 갖다 놓으면 23.75킬로미터를 확장할 수 있다. 공사를 시작하며 살아가자. 정도령은 형제 친구들과 함께 뭉쳐 힘을 합하여 지구를 움직여 남극, 북극 정위치에 돌려놓겠다. 오래 걸리지 않는다. 대한민국은 현재 너무 작은 나라다. 통일도 하고 나라도 조금 커지고 인구 늘고 일등 선진국이 되어 세상사를 이끌어 가야 할 동방 한반도 대한민국이다. 대한민국 국민 모두가 바르고 정직한 마음 정도령 정진인이 되어 세상사를 이끌어 가야 할 역군이 되어 대한민국의 위상을 세계로 펼쳐 나아갑시다. 만물생물은 나의 형제요 나의 친구요, 동방 한반도 메시아 정도령 정진인 하나님이다⋯.

세상사 모든 신들을 이긴 자이기 때문에 가능한 일

2023. 3. 31. 7:02

길나인의 여식은 태어날 때부터 안구가 없었다. 지금부터 눈이 보이게 안구를 재생한다. 학의 영혼 한 마리가 물가에서 물고기를 잡아먹고 학의 몸체에서 복원하여 사랑이의 안구에 수정시켜주었다. 조만간 사랑이는 세상사를 볼 수 있어 행복, 즐거움으로 희망찬 세상을 누리게 되리라. 동방 한반도 메시아 정도령 정진인은 영혼, 마귀, 잡귀, 병마귀 등을 흡입하여 많은 일을 시키고 천지 밖으로 분류하여 편안한 마음으로 고이 잠들게 한다. 세상사 모든 신들을 이긴 자이기 때문에 가능한 일이다. 바로 동방 한반도 메시아 정도령 정진인 태양신 하나님이다. 만물생물은 나의 형제요 나의 친구요.

미국의 달러

2023. 3. 30. 11:59

　미국의 달러는 차츰차츰 하락할 것이다. 500원선까지. 이미 그렇게 만들어 놓았다. 도둑놈들의 소굴이던 미국 사회는 세계 각국 사람들이 죄를 짓거나 하면 돈가방을 들고 도망간 곳이다. 바로 미국 사회다. 그 많은 돈은 핵무기 등을 만들어 놓고 세계를 제패하고 현재까지 지탱하며 살아온 것이다. 약 200년의 역사를 가진 나라다. 선천시대 막바지 흐름이다. 후천시대는 핵무기가 필요 없는 세상이 된다. 전쟁 없는 세상, 평등 세상, 평등 사회가 되리라. 동방 한반도 메시아 정도령 정진인 하나님이다. 천택지인 정법으로 세상사를 구원한다. 만물생물은 나의 형제요 나의 친구요….

인간사는 진화하며, 희망의 국가를 건설

2023. 3. 29. 16:53

　태양신으로 대한민국 서울에 내려오신 하나님 동방 한반도 메시아 정도령 정진인 대한민국을 구제하고 세계를 제패한다. 영혼, 마귀, 잡귀, 병마귀 등과 얽혀 살아온 인간사로부터 영혼, 마귀 등을 천지 밖으로 분류함에 인간사는 변천한다. 현실에 치매, 풍, 심근경색, 불치 등등 앓고 사는 사람이 많다. 이제는 줄어든다. 영혼, 마귀 등에게 지배를 받고 있던 것들 없어지므로 인간사는 진화하며, 희망의 국가를 건설하며 세계로 뻗어 나간다. 태양신 정도령 하나님 믿음이 만병을 다스린다. 동방 한반도 메시아 정도령 정진인 하나님이다.

일본에 대하여 한마디

2023. 3. 28. 23:01

하나님이다. 메시아 정도령 정진인 일본에 대하여 한마디 말을 하겠다. 나 정도령 하나님 입에서 나오는 말은 현실로 이어진다. 일본 정부는 들으라. 독도가 자기네 영토라 교과서에 기재를 하겠다. 왜 그렇게 억지를 부려 2세들에게 역사왜곡을 남기려 하나? 하지 말라. 바른 마음, 정직으로 수정하라. 동방 한반도 메시아 정도령은 이미 일본 영토를 동쪽으로 100미터 수장시킬 것을 명령을 내려놓은 상태다. 조만간 현실로 나타날 것이다. 하나님의 능력을 시험하는구나. 바르게 정확하게 수정하지 않는다면 2차 1000미터 수장 명령을 내릴 것이다. 동방 한반도 메시아 정도령 정진인 하나님이다.

동방 끝자락 하늘 아래 위대한 대한민국

2023. 3. 28. 15:31

　　동방 한반도 메시아 정도령 동방 끝자락 하늘 아래 위대한 대한민국은 밝은 광명의 빛이 밝아 오고 있습니다. 대한민국 국민은 항상 건강하고 열심히 일하는 대한민국의 역군이 되어 대한민국을 구제하는 힘이 되어 희망찬 대한민국을 건설합시다. 젊음의 힘은 자식으로 이으고 국가의 일등 공신 된다. 200세 시대에 살아가는 현실은 오늘이 되라. 젊은이여, 열심히 일하여 내일의 행복 즐거움 희망을 찾읍시다. 직업이란 무슨 일이든 부딪혀 끈기로 하면 안 되는 것은 없다. 하면 된다. 내일의 꿈과 희망을 찾으러. 후천시대는 100세 넘어도 일을 할 수 있습니다. 현 정치인은 200세 시대를 바라보면서 정치를 하셔야 합니다. 세상사가 어수선하고 대한민국의 물가 오름에 국민 또한 어수선하고 이 세상 난세는 금세 지나간다. 대한민국 정치판까지 어수선하니 정치하시는 분들께서 먼저 바르고 정직함으로 모범을 보이셔야 합니다. 동방 한반도 메시아 정도령 정진인 하나님이다.

잘못해 온 역사를 정확하고 바르게 정리하라

2023. 3. 27. 19:37

대한민국 태지산물 태극기 빛의 영원 정도령 정진인 하나님이다. 일본은 독도를 자기네 땅이라 우기고, 초등학교 교과서에 지도를 일본 영토로 기재했다. 또 중등 교과서에 자기네 영토로 기재하겠다 했다. 일본은 대한민국이 그렇게 만만하단 말인가? 조선 시대 때부터 틈만 나면 쳐들어와 못살게 굴었던 역사에 죄의식도 없단 말인가? 36년 동안 식민지로 압박하고 살아왔던 것은 엄연한 잘못된 침략이다. 각성하라. 자꾸 억지를 부리면 빠른 시일 내에 수장시켜 버리겠다. 잘못해 온 역사를 정확하고 바르게 정리하라. 동방 한반도 메시아 정도령 정진인 하나님이다.

197

그날은 빨리 옵니다

2023. 3. 27. 6:33

　동방 한반도 메시아, 즉 구세주 정도령 정진인이다. 나는 하나님과 동고동락 한몸이 되어 많은 일을 한다. 하나님이요, 하나님의 대변인이기에 내가 말을 하고 글을 써놓으면 현실로 이어진다. 말도 안 된다 할 겁니다. 하지만 진실입니다. 하나님이자 메시아 정도령이기 때문에 가능합니다. 이러함은 멀지 않은 날에 꼭 나타날 겁니다. 쉽지 않은 일이지만 매일 대한민국을 구제하고 세상사를 구원하고 있으니 그날은 빨리 옵니다.

태지산물 태극기 정도령 하나님
믿음으로 만병을 다스릴 수 있다

2023. 3. 26. 11:55

　동방 한반도 메시아, 즉 구세주 정도령 하나님이다. 우리 현실 과학이 발달하고 의학이 발달했어도 정신질환을 가진 사람, 기영아, 알 수 없는 병이 있다. 의학으로 못 한 것들 정도령 하나님만이 할 수 있는 일이다. 자연의 섭리 태지산물 대한민국 태극기는 동방 한반도 메시아 정도령 하나님이다. 태지산물 태극기 정도령 하나님 믿음으로 만병을 다스릴 수 있다. 전쟁 없는 세상, 평등 사회, 평등 세상을 만들어 행복, 즐거움, 희망이 있는 대한민국 산야에 살며 행복한 마음으로 풍미작렬 하리라. 하나님이다. 메시아 정도령 정진인….

식객 대하여

2023. 3. 25. 12:13

　대한민국 태지산물 태극기는 동방 한반도 메시아 정도령 정진인이다. 태양신으로 내려오신 정도령 나와 한몸이 되어 인간사를 구제하고 있다. 식객 대하여. 식객이란 비만분들께 많이 들어있다. 많이 먹어도 먹어도 또 먹고 또 먹고 이렇다 보니 당뇨 등 합병증 고생을 한다. 이 모두가 잡귀 동물의 영혼이 많이 들어있기 때문이다. 인간사와 영혼, 마귀 등과 얽혀 살아가기 때문이다. 영혼, 마귀 등을 천지 밖으로 분류함에 비만, 당뇨병 등등은 사라진다. 태양신 정도령 하나님 믿음에 대한민국은 구제된다. 본 태지산물 태극기는 동방 한반도 메시아 정도령 정진인이다.

세계를 제패하기 위하여

2023. 3. 24. 10:18

　동방 한반도 메시아 정도령으로 성숙된 지가 얼마 안 됐다. 수 해 전 대한민국 국민을 모두 정도령으로 만들어 놓았다. 지금에 보니 많은 사람이 정진인이 되어있는 것 같아서 기쁘다. 내가 뜻한 바대로 이뤄져 가고 있구나. 36세에 태양신 하나님께서 나의 몸에 들어오셨다. 그동안 성숙되지 못하고 정신질환이라 하여 약도 먹어보았으나 아무 소용 없었다. 청개천 복원 당시부터 대한민국을 구제하고 세상사를 구원하려고 자연의 섭리 대한민국 태지산물 태극기를 그리기 시작하였으나 구세주 정도령으로는 부족하였다. 대한민국을 구제하고 세상사를 구원하고 세계를 제패하기 위하여 대한민국 국민 모두가 한마음 한뜻으로 뭉쳐 열심히 노력합시다. 그날은 얼마 남지 않았습니다. 그날은 그리 멀지 않습니다. 대한민국의 위대한 위상을 만들어 세계로 세계로 정진합시다. 동방 한반도 메시아 정도령 정진인…

후천시대가 전개되리라

　동방 한반도 메시아 정도령…. 문란하고 어지러운 세상사 난세의 끝자락이다. 태양신 동방 한반도 메시아 정도령 하나님은 문란하고 어지러운 세상사를 정법으로 정리정돈 하려고 내려왔다. 동방 한반도 메시아 정도령 정진인으로 인간사 본토 대한민국 땅에 처음이자 마지막으로 내려온 것이다. 자연의 섭리 태지산물 태극기는 태양신 하나님이요, 성함은 정도령 정진인입니다. 현재 허상만을 믿고 있는 모든 종교 종사자, 이제 막을 내리라. 모든 종교가 사라지고 이제는 태양신 정도령 하나님 한 분의 종교로 후천시대가 전개되리라. 동방 한반도 대한민국 국민 여러분은 새로운 세상사를 이끌어 가야 할 위대한 국민입니다. 세계 유일한 분단국가 통일을 하고, 대한민국 청사와 왕궁을 백두산기슭 양지 바른 곳에 이주하여 새로운 역사 창조를 시작하여야 한다. 하나님이다. 메시아 정도령 정진인….

우주와 자연 속의 태지산물 태극기

2023. 3. 21. 11:32

우주와 자연 속의 태지산물 태극기. 1원형 태양 동방 한반도 메시아 정도령 하나님, 2원형 달 밝고 맑음 정신으로, 3원형 지구 인간사는 열심히 일을 한다. 4원형 중간 사이 우주만물 흐름의 괘 동서남북에 배치 남과 북극을 두고 자전하는 지구의 균형을 잡는다. 왼쪽 상단 하늘 태양 아버지의 뜻, 왼쪽 하단 땅의 뜻 어머님의 뜻, 오른쪽 상단 아들의 뜻, 오른쪽 하단 딸의 뜻, 5원형 중심 지구의 인간사와 생명체가 사는 곳, 왼쪽 상단 노랑은 풍, 왼쪽 하단은 검정은 렬, 오른쪽 상단은 녹색은 미, 오른쪽 하단은 청색은 작, 오른쪽을 돌면서 풍미작렬. 인간사 행복과 풍요로움으로 200백세 살리라. 6원형 테두리 12색채와 12시간의 배치함 7자연의 섭리 대한민국 태지산물 태극기는 아무 막힘이 없는 희망의 태극기다. 대한민국의 영원한 태극기 하나님이다. 메시아 정도령 정진인….

한반도 정도령 대한민국 태지산물 태극기를 그리다

2023. 3. 20. 11:23

한반도 정도령 대한민국 태지산물 태극기를 그리다. 잠시 모든 종교의 형상과 신도불자 등으로부터 영혼, 마귀, 잡귀, 병마귀 등을 너무 많이 흡수하여 나는 아무 힘이 없이 맥이 빠진다. 피곤할 뿐이다. 먹을 것을 주고 빨리 내보내자. 자연의 섭리 대한민국 태지산물 태극기와 함께. 지구가 생기면서 많은 생명체가 살아왔다. 이렇게 많은 생명체의 영혼, 마귀 등을 천지 밖으로 내보내도 하염없이 많구나. 나와 태지산물 태극기만이 해결할 수 있는 문제로다. 그동안 인간을 지배하고 다스리느니라 고생 많으셨습니다. 이제 천지 밖 영혼의 세계로 분류합니다. 편안한 마음으로 고이 잠드소서. 나의 몸에서 영혼, 마귀 등을 폐기하였습니다. 안녕히 가십시오. 영혼님 네분들. 하나님이다. 메시아 정도령 정진인.

부동산 소유권

2023. 3. 19. 10:37

자연의 섭리 태지산물 태극기는 후천시대 대한민국의 영원한 태극기다. 부동산 소유권 우리네 세상은 아이에게도 부동산 소유권이 있다. 없애야 한다. 성년이 되고 가정을 가질 무렵에 일 가구 허용하고 사업자는 일 상가 1호를 소유한다. 2 이상은 세금폭탄으로 부모의 재산은 국가 주민센터에서 관리하다 양도하면 된다. 성년이 되어 결혼을 못 하고 가정에 자식이 없으면 사업장 제외, 주택, 부동산은 가질 수 없다. 동방 한반도 메시아 정도령 정진인 하나님이다. 메시아 정도령 정진인.

동방 한반도 대한민국에서 메시아 구세주가 나온다

2023. 3. 17. 9:56

『정감록』예언서 노스트라다무스 남사고 선생님이 예언한 내용을 보면 동방 한반도 대한민국에서 메시아 구세주가 나온다 하였습니다. 바로 그 정도령입니다. 세상사를 구원할 자 정도령이요, 그 정도령인지를 확인하려면 대한민국 최고의 고승, 최고의 철학자, 최고의 무속인, 최고의 교주 등을 대동하여 확인하면 알 수 있을 것입니다. 하나님과 항상 동거동락하고 있으며, 무한한 능력을 발휘하고 있습니다. 2004년 이후부터 대한민국을 구제하고 세상사를 구원하며 태양신 정도령 하나님을 자연의 섭리 대한민국 태지산물 태극기를 그리며 살아가고 있습니다. 대한민국 국민은 바르고 정직한 정도령 하나님 마음으로 변해가고 있습니다. 자연의 섭리 태지산물 태극기는 하나님이다. 메시아 정도령 정진인 하나님의 성함이요.

부동산을 잡는다

　부동산, 부동산을 잡는다. 사람이 태어나 잠잘 곳은 편안한 보금자리여야 한다. 현재는 편안한 보금자리보다도 욕심의 불로소득 하며 살아왔다. 사람들이 사는 부동산은 사람들의 마음을 폐허로 만들었다. 편해야 하는 보금자리를 많은 금전을 살아온 현실 짧은 인생 한 번 태어나 행복, 즐거움, 희망으로 살아가야 하는 인생의 삶은 너무 삭막한 세상이었다. 부동산은 꼭 잡아야 한다. 편안한 보금자리가 되어야 하기 때문에 첫째는 정부공시 가격부터 내려야 한다. 현재는 50프로 인하 단계적으로 내려야 한다. 땅과 부동산은 사람이 살아가는 데 금전을 도구로 하면 안 된다. 편안하게 빌리는 것이다. 정부 공시가격부터 차츰차츰 내려서 싼 값에 국민들의 아늑한 보금자리를 제공할 것을 정부는 꼭 책임져야 한다. 서민과 국민은 결국에 대한민국 정부는 국민들에게 더욱 희망을 갖게 되고 국민들이 믿는 정치라 생각하며, 대한민국 국가에 더욱 이바지하며 살아가게 될 것이다. 내가 글을 써놓고 내 입에서 말이 나오면 세상사는 그대로 흘러간다. 모두가 하나님 정도령 한마음이 되어간다. 동명이인 동방 한반도 메시아 정도령 정진인이다.

207

나의 무한한 능력을 차츰차츰 보여주리라

2023. 3. 15. 10:30

    동방 한반도 메시아 정도령으로 성숙된 지가 얼마 안 됐다. 대한민국의 구세주요 세상사를 구원할 구세주 메시아 정도령이요, 나의 무한한 능력을 차츰차츰 보여주리라. 정도령으로 성숙된 길은 너무 험난한 길이었다. 1990년에 태양신 정도령 하나님 빛의 영원이 들어와 나는 정신병자 취급을 받으며 살아왔다. 정도령 하나님의 탄신일은 1990년 4월 24일로 하고 세상을 바꿀 수 있는 자연의 섭리 대한민국 태지산물 태극기를 만들어 두었으니 대한민국 국가에서 당연히 쓸 것이라 생각하고 내가 할 일은 다하였다고 생각하여 나의 무의미한 인생을 끝내려 하였으나 실패의 연속이었다. 죽고 사는 것은 마음대로 못하는 걸 먹고사는 게 급급하여 노동근로자로 생활을 하며 한 푼 한 푼 모아 조그마한 사업을 하려 한다. 약 1년 후 정도령이 된 이상 모든 것을 보여주리라. 세계 유일의 분단국가 흡수, 통일을 하겠다. 대략 7년~10년 안에 통일을 이룩하겠다. 하나님이다. 메시아 정도령 정진인….

영혼들의 혼돈

2023. 3. 14. 10:57

영혼들의 혼돈. 나 정도령은 인간사의 영혼과 동물 생물들의 영혼, 마귀 등을 흡입하고 폐기를 한다. 미라 영화에서 보면 귀신 등을 많이 흡입하고 폐기하는 것을 보았다. 나 정도령은 실제로 하고 살아간다. 어느 사람이든 보면은 영혼, 마귀 등등을 흡입하며 훔친다. 어느 누구도 모른다. 나는 영혼의 도둑이다. 흡입을 하다 보니 나의 살은 빠지고 피곤함에 젖는다. 훔친 영혼, 마귀 등은 태지산물 태극기와 태양신 정도령 하나님과 함께 천지 밖 영혼의 세계로 보내어 고이 잠들게 한다. 이러한 일을 한 지가 언 18년이 됐다. 현재도 정도령 하나님을 자연의 섭리 태지산물 태극기 속에 그리면서 많은 영혼, 마귀, 잡귀 등을 인간사로부터 분류하여 천지 밖으로 내보내려고 한다. 영혼, 마귀, 잡귀 등은 화를 내며 가지 않으려 한다. 허나 이미 모든 영혼 등은 나 정도령에 졌기 때문에 군말 없이 떠난다. 내가 사람들 몸에서 영혼 등을 흡입한다 해도 그 사람들 몸에는 또 다른 영혼, 마귀 등등은 들어가 얽혀 살아간다. 천지 안에 너무 많은 영혼, 마귀 등이 있기에 끝없는 일을 하고 있다. 대한민국 국가로부터 하루빨리 자연의 섭리 태지산물 태극기로 사용하여 이 난세 어지러운 세상을 평정시켜야 한다. 동방 한반도 메시아 정도령 하나이다. 메시아 정도령 정진인….

인간사 원조 뿌리

2023. 3. 13. 11:54

    인간사 원조 뿌리는 한반도 백두산 기슭이다. 솔나무 가지 사이에서 미생물에 의하여 인간은 환생 탄생하였다. 첫 번째 1대 환웅 등으로 태어나 환웅 분들은 200세 이상을 살아왔다. 태초 그 시대에 지구는 제대로 형성되지 못한 시기, 혼돈의 시기 때문에 뒤죽박죽 흘러온 지구 모든 동물, 식물은 진화을 거듭되어 왔으나 인간사는 뒤늦게 환생하였다. 그 시기에는 열, 온도, 습기, 기후 등은 인간이 환생하기 최고로 적절한 시기였다. 지구는 지금처럼 온전치 못하였다. 땅에는 여기저기 기름 등으로 번복 지구의 형성 과정에서 엉망이었다. 그 와중에 인간은 풀과 나무 액체를 먹고살며 많은 희생 속에 어렵게 진화하였으나 혼돈의 지구는 인간을 여기저기 흩어지게 만들었다. 기름 속에 파묻어 살아남는 자들은 결국 검게 변한 것이다. 그렇지 않은 자들은 빛과 토양, 토질의 성질 때문에 다양한 인종으로 변해 온 것이다. 이 뜻이 지금의 인간사다. 태양에 의해 만물 생물은 행복으로 살아간다. 본 태극기는 형상 없는 빛의 영원 정도령 하나님이다. 하나님이다. 메시아 정도령 정진인.

동방 한반도 메시아 정도령 태극기

2023. 3. 12. 10:24

동방 한반도 메시아 정도령 태극기. 현재 대한민국 국가가 쓰고 있는 건곤감리 태극기는 역사 속으로 남기고 폐지할 때가 되었다. 역대 중국의 문왕과 복희의 팔괘도에서 뽑아 만들어 사용하고 있는 것은 주역으로 이뤄진 것이다. 선천시대에는 모든 영혼 얽혀 살아옴에 대한민국 건곤감리에도 귀가 들어있다. 주역은 인간 사주팔자를 볼 수 있었으나 이제 주역은 맡지 않는다. 이 모든 것은 선천시대 흐름이었다. 2004년 이후부터는 후천시대 흐름으로 흘러오고 있었다. 자연의 섭리 대한민국 태지산물 태극기를 제작한 지가 언 18년이 되었다. 자연의 섭리 태지산물 태극기는 2016년도에 완성되었다. 형상 없는 하나님의 형상화로 정도령 하나님은 빛의 영원이시다. 태양신 정도령 하나님으로 완성된 자연의 섭리 대한민국 태극기 대한민국의 위대한 태극기가 되리라. 후천시대을 이끌어 가는 만인의 태극기요, 대한민국의 밝은 광명이 빛나게 오게 되리라. 하나님이다. 메시아 정도령 정진인.

지금처럼 기도를 하고 절을 하고 하는 것은 아니다

2023. 3. 11. 11:06

　동방 한반도 메시아 정도령이다. 종교적 형상이나 책물품 등은 13년 후 제작을 모두 폐지한다. 세상사 후천시대는 태양신 정도령 하나님만 존재할 뿐이다. 지구 인간사가 믿고 살아가는 것은 하나의 종교 정도령 하나님 믿음으로 희망찬 삶을 살아가게 되리라. 지금처럼 기도를 하고 절을 하고 하는 것은 아니다. 마음속으로 믿으면 된다. 교회나 절 대신 하나님이신 형상화 태지산물 태극기가 걸려 있으면 된다. 세상사는 새롭게 발전하며 지상낙원에 살게 되리라. 후천시대 새로운 역사 창조로 길이길이 빛나리라. 정도령이 말을 뱉으면 곧 그대로 흘러간다. 태양신으로 내려오신 정도령 하나님은 태지산물 태극기와 나의 몸속에 동거동락하며 살아가고 있다. 하나님이다. 메시아 정도령 정진인….

신과 인간의 차이점

2023. 3. 10. 10:46

신과 인간의 차이점. 형상 없는 하나님 신도 인간사 귀신을 보여준다. 특별한 하나님. 인간세상의 죽은 인간의 신들을 모시는 무속인들에게 모든 것을 보여주고 가르쳐 준다. 그러하기에 종교가 있고, 사주팔자를 알려주곤 한다. 인간의 신은 위대했으나 인간사에게 병이 된 것이다. 결국 살아있는 생명체와 인간사를 지배하고 있었다. 모든 인간 생명체는 죽은 영혼, 마귀, 잡귀, 병마귀 등등으로 얽혀 살아왔으나 이제부터는 천지 밖으로 분류함에 서막을 내린다. 죽은 영혼의 신은 자기보다 센 무속인과 고승들에게 진다. 진 영혼의 신들은 고맙다는 답례로 큰절을 하며 떠난다. 인간과 신의 차이점이다. 위계질서가 확실하다. 우리네 인간은 위계질서가 망가진 지 오래되었다. 그동안 무속인 등은 사람들을 상대로 굿을 하여 비, 신 등을 떼어준다. 그 영혼, 마귀, 잡귀 어디론가 가겠지. 극락 천당으로 가는 줄 알고 있을 것이다. 결국 천지를 벗어나지 못하고 다시 살아있는 인간과 동물 등 생명체에 다시 들어와 얽혀 살아왔다. 지금은 후천시대다. 이기고 태양신으로 내려오신 동방 정도령 하나님과 함께 모든 영혼, 마귀 등을 천지 밖으로 분류함에 인간사는 행복, 즐거움, 희망으로 살리라. 본 태극기는 하나님 형상화다. 하나님이다. 메시아 정도령 정진인….

선천시대는 지나고 후천시대다

2023. 3. 9. 10:04

하나님이다. 메시아 정도령 종교말살, 종교분쟁과 인간사는 지금까지 난세다. 어지러운 세상사를 정리정돈하러 태양신으로 내려오신 정도령 하나님. 마귀 소굴에 갇혀 있었다는 정도령 하나님은 모든 영혼, 마귀 등을 이기고 동방 한반도 메시아 정도령 태양신으로 지상에 내려와 있다. 이긴 자다. 선천시대는 지나고 후천시대다. 후천시대는 모든 종교가 없어진다. 하늘에 석가, 예수, 공자, 노자 4대 성인을 동서남북에 배치해 두고 인간사는 죽은 영혼의 신을 모시고 살아왔다. 지금은 4대 성인이 없고, 천당이니 극락이니 하는 하늘에는 영혼, 마귀, 잡귀 등은 아무도 없다. 메시아 정도령이 모두 천지 밖 영혼의 세계로 보내 고이 잠들게 하였다. 지구의 종교 인간사는 허상을 믿고 있을 뿐이다. 그동안 영혼의 신이 있었기에 믿음이 전하여진 것이다. 이제부터는 종교가 서서히 사라지고, 앞으로 인간사는 태양신 하나님 신만 생각하며 살아가리라. 태양신 하나님은 정도령이다. 자유의 종교가 되리라. 태양신 하나님은 마음으로 믿고 살아가면 된다. 하나님이다. 메시아 정도령 정진인….

인간사 수명은 너무 짧다

2023. 3. 8. 9:59

　인간사 수명은 너무 짧다. 한 번뿐인 인생사, 현재 수명은 행복한 삶을 살아가기는 부족하다. 인간사 수명을 연장시킨다. 2100년이면 150세 시대, 2300년이면 200세로 정한다. 지구의 인구수는 60억이 적당하다. 대한민국은 통일을 하고 1억 2천이면 된다. 나는 하나님의 대변인 정도령 정진인 임영일이다. 『정감록』 예언서에 나오는 남사고 선생님이 예언한 동방 한반도 정도령이다. 태지산물 본 태극기는 형상 없는 하나님의 형상화다. 고로 하나님이다. 메시아 정도령 정진인 정도령 정진인은 하나님의 성함이다….

대한민국의 연금법, 공무원연금, 사학연금, 국민연금

2023. 3. 7. 11:13

　대한민국 태지산물 태극기는 동방 한반도 메시아 정도령 정진인이다. 대한민국의 연금법, 공무원연금, 사학연금, 국민연금 모두 통합하여야 한다. 대한민국 국민 모두에게 공평하게 지급하여야 한다. 사학과 공무원만 대한민국에서는 특별한가요? 대한민국 국민은 모두가 동등합니다. 연금은 의료 보험처럼 의무화하여야 한다. 노령연금을 폐지하고 의무화 연금으로 대치한다. 나이 들고 일을 못 하는 사람들 등 어려움에 처한 사람 등등 재산이 많고 사업하여 생계에 지장이 없는 사람 등은 줄 필요 없다. 대한민국 국민은 어렵게 살지 않는 한 연금은 포기해야 대한민국이 부강한 나라로 성장하는 데 큰 보탬이 되리라. 고령화 시대 연금받을 수 있는 나이는 70으로 연장시킨다. 2027부터는 71세, 2033부터는 72세 단계적으로 인간사 국민 모두는 형제요 친구요, 서민으로 살다가 나이 들어서나마 풍요로운 행복을 누리며 살리라. 평등 사회를 구축하며 평등 세상을 만든다. 본 태극기는 동방 한반도 메시아 정도령 정진인 하나님의 형상이다. 하나님이다. 메시아 정도령 정진인…

현 대한민국 국회의원 수

2023. 3. 6. 9:57

　대한민국 태지산물 태극기는 동방 한반도에 나타난다는 메시아 정도령 정진인 하나님이다…. 현 대한민국 국회의원 수는 너무 많다. 국회의원 1인당 25만 명 기준으로 하여야 한다. 지금 국회의 수는 203명이 적정선이다. 대한민국이 일등 선진국가로 가는 지름길이며, 대한민국의 위상이 밝아오리라. 『정감록』 예언서에 나오는 동방 한반도 메시아 정도령이다.

태지산물 태극기와 함께 인간을 개조한다

2023. 3. 5. 8:11

선천시대는 지나고 지금은 후천시대다. 태지산물 태극기와 함께 인간을 개조한다. 인간상에게 얽혀 살아온 영혼, 마귀, 잡귀, 곤충귀, 병마귀 등을 천지 밖 영혼의 세계로 분류한다. 인간을 지배하고 얽혀 살아온 영혼, 마귀, 잡귀 등을 분류함에 인간은 정도령 하나님 마음으로 정도, 정직 바르게 살아가며 지상낙원을 만들어 평등 사회를 구축하여 평등 세상을 만든다. 후천시대 인간사는 더욱 행복한 생활과 함께 이백세 시대를 겨냥하고 살아갈 것이다. 메시아 정도령 정진인…. 본 정도령은 『정감록』 예언서의 인물이다….

한 당 체제

2023. 3. 4. 7:47

하나님이다. 메시아 정도령 정진인…. 현대 한국의 정치세도 우리 대한국은 모든 당을 없애고 한 당 체제로 통합하여 정부를 이끌어 가야 한다. 다른 나라의 방식은 무시하고 우리만의 특유의 정치가 되어야 한다. 여러 당을 갖고 있다 보니 서로가 마음이 흩어져 화합이 안 이뤄진다. 한 당 체제라고 공산주의 생각하면 안 된다. 한 당 체제 민주화는 드높은 대한민국을 만들어 세계로 세계로 이어지리라. 동방 한반도 메시아 정도령.

알 수 없는 하나님과 부처님

2023. 1. 17. 5:29

　알 수 없는 하나님과 부처님. 형상 없는 하나님 형상이 있으나 알 수 없는 부처님. 현실의 불교 종교는 석가모니를 인간의 영혼 모시고 있는 불교. 어떠한 형국인지 모르겠구나. 부처의 형상은 하늘 천지에 붙어있다. 그러나 인간의 영혼 형상이 아니다. 하나님과 부처는 태초에 생겨난 미물이다. 부처는 암흙의 불똥이 생겨난 미물. 하나님은 생명체의 영혼은 아니나 인간사와 마음의 전율로 소통을 한다. 영원한 신 태양신이다. 하나님이다. 영원의 위대하신 정도령 정진인 하나님이다.

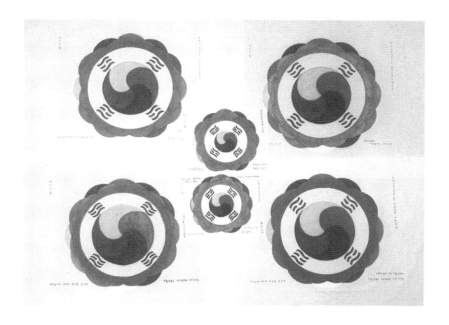

이긴 자

2023. 1. 13. 14:13

　이긴 자. 이긴자에 의하여 하나님이 마귀 소굴에서 이기고 지상에 내려오신다. 모든 이는 이렇게 알고 있을 것입니다. 허나 잘못된 유언비어였다. 하나님은 내가 마귀, 잡귀, 영혼, 병마귀 등으로부터 해방시켜 주었다. 하나님, 석가, 예수, 공자, 노자, 다섯 분이 의논하여 인간의 영혼이 지상에 내려오면 지구 인간사가 알아볼 수가 있어서 형상 없는 하나님은 아무도 알아볼 수가 없으니 그리하여 지상에 나의 몸에 들어왔다. 나는 하늘 끝에 부처의 형상에서 영혼, 마귀, 잡귀 등등을 천지 밖으로 내보낼 수 있는 통로를 찾아서 내보내곤 하였다. 지금은 대한민국 태지산물 태극기로 흡수하여 천지 밖으로 내보내며 날마다 태지산물 태극기를 그리면서 살아간다. 죽는 날까지 대한민국을 위하여 태극기를 그린다. 본 태극기는 대한민국의 태극기요, 고로 하나님이다. 메시아 정도령 정진인.

222

이긴 자 하나님은 마귀 소굴에 갇혀있다

2023. 1. 6. 5:28

이긴 자 하나님은 마귀 소굴에 갇혀 있다 하였다. 갈 곳 없는 생명체의 영혼이 많다 보니 하나님과 얽혀 있을 뿐이다. 지금은 영혼들로부터 해방되었다. 태지산물 태극기로 인하여 모든 영혼, 마귀, 잡귀, 병마귀 등을 천지 밖으로 내보내어 고이 잠들게 하였노라. 나와 하나님, 부처와 함께 이룩하여 태지산물 태극기를 제작하여 후천시대 인간사는 즐거움 행복 희망으로 살아가리라. 정도령 정진인 하나님이다. 태지산물 대한민국 태극기.

223

본 태극기는 형상 없는 하나님의 형상화로 제작

2023. 1. 1. 10:18

본 태극기는 형상 없는 하나님의 형상화로 제작되었습니다. 이긴 자 정도령 정진인 하나님이다. 선천시대 모든 영혼, 마귀, 잡귀, 병마귀 등과 얽혀 살아온 지구의 인간사 이제부터는 본 태극기로 모든 영혼, 마귀, 잡귀, 병마귀 등을 천지 밖으로 분류하며 인간사를 구원한다. 대한민국 모두가 정도령 정진인이 되어 대한민국을 세계 최고의 부강한 나라로 발전시키고 세계를 제패하리라…. 정진인.

나의 인간사 생명

나의 인간사 생명은 하나님 의해 지구상에 의탁하여 살아가고 있다. 하나님을 대신하여 인간세상의 평원을 기원하며 만들어 간다. 대한민국의 업동이요, 세상사 업동이요, 지구의 생명체를 위하여 모든 생명체의 영혼, 마귀, 잡귀, 병마귀 등을 천지 밖으로 보내기 위해 대한민국 태지산물 태극기를 그리며 살아간다. 태지산물 태극기는 하나님 메시아 정도령 정진인이다. 본 태극기는 생명체의 모든 영혼을 천지 밖으로 보낼 수 있는 태극기다. 하나님이다. 메시아 정도령 정진인….

천시 정도령 하나님과 함께 살아온 지 20여 년

2022. 12. 15. 16:16

2004년 후 천시 정도령 하나님과 함께 살아온 지 20여 년. 나는 하나님의 형상을 보고 싶어 무수히 노력하였으나 결국에는 볼 수가 없었다. 허나 마음과 전율로 느끼고 대화를 할 뿐이었다. 하나님의 신은 생명체의 신이 아니므로 인간으로는 볼 수가 없다. 하나님은 생명체 아닌 빛의 영원 태양신 정도령 정진인. 우주 만물 자체가 하나님이시다. 넘볼 수 없는 우주세계 속에 영이시다. 태양 아래 생명체와 인간사는 행복, 즐거움, 희망으로 풍미작렬 하리라. 나 역시 이제는 한 인간으로 열심히 일하며 대한민국 국가에 이바지할 것이다. 나의 대행복, 즐거움이요….

대한민국의 새로운 태극기

2022. 12. 11. 5:27

　하나님이다. 메시아 정도령 정진인 본 태극기는 형상 없는 하나님 주제로 제작된 대한민국의 새로운 태극기다. 시대 흐름에 따라 자연의 섭리로 만들어졌다. 지구의 인간사와 모든 생명체는 죽음과 동시에 영혼을 남기고 간다. 모든 영혼은 인간과 모든 생명체와 얽혀 살아왔다. 본 태극기로 인하여 모든 영혼, 마귀, 잡귀, 병마귀, 곤충의 영혼까지 모두 흡수하여 천지 밖 영혼의 세계로 보내어 영원히 잠들게 하리라. 메시아 정도령 정진인….

후천시대 인간사

태지산물 태극기는 지금 후천시대 하나님이요, 정도령이다. 곧 성인이다. 형상 없는 하나님은 빛의 영원으로 나에게 내려오셨다. 그 누구도 모른다. 오직 나만이 아는 사실이다. 나는 아주 강한 광채를 볼 수 있다. 산소용접 광채를 무한정 볼 수 있고, 태양을 하염없이 바라볼 수가 있다. 또한 모든 생명체의 영혼을 볼 수 있다. 생명체의 영혼은 나와 태지산물 태극기로 모두 천지 밖으로 내보낸다. 후천시대 인간사는 번창하리라 성인….

후천시대를 빛낼 위대한 대한민국 태극기

2020. 3. 23. 16:49

    2004년 후천시대 자연의 섭리 태지산물 대한민국 태극기 빛의 영원 태양신 정도령 하나님의 형상화로 제작된 태극기다. 이긴 자 동방 한반도 메시아 정도령 정진인 천택지인 정법으로 본 태극기는 후천시대를 빛낼 위대한 대한민국 태극기다. 본 태극기는 후천시대 꼭 대한민국 국가가 사용한다. 하나님의 형상이니까.

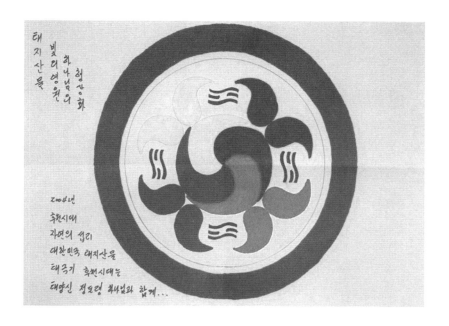

후천시대 흐름

2020. 2. 29. 17:17

2004년 후천시대 자연의 섭리 태지산물 대한민국 태극기 빛의 영원 태양신 정도령 하나님의 형상화로 제작된 태극기다. 이긴 자 동방 한반도 메시아 정도령 정진인 본 태극기는 천지의 문이 되어 생명체의 영혼, 마귀, 잡귀, 병마귀 등을 천지 밖으로 분류한다. 후 천시대 흐름이다. 죽은 영혼 등을 믿음으로 살아온 선천시대는 흘 러갔다. 지금은 후천시대다.

태양의 아들

2020. 2. 13. 17:57

　　2004년 후천시대 자연의 섭리 태지산물 대한민국 태극기 빛의 영원 태양신 정도령 하나님의 형상화로 제작된 태극기다. 이긴 자 동방 한반도 메시아 정도령. 본 태극기는 천지의 문이 되어 생명체의 영혼, 마귀, 잡귀, 병마귀 등을 천지 밖으로 분류한다. 태양의 아들 정진인.

태양의 아들

2020. 2. 6. 16:39

2004년 후천시대 자연의 섭리 태지산물 대한민국 태극기 빛의 영원 태양신 정도령 하나님의 형상화로 제작된 태극기다. 이긴 자 동방 한반도 메시아 정도령 본 태극기는 천지의 문이 되어 생명체의 영혼, 마귀, 잡귀, 병마귀 등을 천지 밖으로 분류한다. 태양의 아들 정진인.

태양의 아들

2020. 2. 2. 15:26

2004년 후천시대 자연의 섭리 태지산물 대한민국 태극기 빛의 영원 태양신 정도령 하나님의 형상화로 제작된 태극기다. 이긴 자 동방 한반도 메시아 정도령 본 태극기는 천지의 문이 되어 생명체의 영혼, 마귀, 잡귀, 병마귀 등을 천지 밖으로 분류한다. 태양의 아들 정진인.

어리석은 인간사여

2020. 2. 1. 1:31

　2004년 후천시대 자연의 섭리 태지산물 대한민국 태극기 빛의 영원 태양신 정도령 정진인 하나님의 형상화로 제작된 태극기다. 이긴 자 동방 한반도 메시아 정도령 정진인 어리석은 인간사여, 두 시대도 못 사는 인간사여, 욕심을 버리고 모두가 평등하게 살리라. 먼 훗날 언젠간 태양이 사라지면 이 우주는 원위치하여 하나의 암흑한 덩이로 변한다. 또한 수천 년을 자전, 공전 속에 폭발과 함께 천지개벽이 이루어진다. 자연의 순리대로 퍼져있는 우주의 행성 언젠가는 합삭되어 우주만물은 하나가 된다. 태양 아들과 딸들 현재 우리 생명체와 인간사는 모두가 태양의 자손이다. 태양신 정도령 하나님은 생명체의 영혼이 아니다. 그러므로 형상이 없다. 불사신 정도령 정진인 하나님 태양신은 빛의 영원일 뿐이다.

태양의 아들

2020. 1. 29. 1:15

2004년 후천시대 자연의 섭리 태지산물 대한민국 태극기 빛의 영원 태양신 정도령 및 정진인은 하나님의 성함이요, 이긴 자 동방 한반도 메시아 정도령 정진인 태양의 신으로 지상에 방문하시다. 낮에는 근로 노동자 밤에는 임영일과 동명이인으로 후천시대 자연의 섭리 태지산물 대한민국 태극기를 그리며 영혼, 마귀, 잡귀, 병마귀 등을 천지 밖으로 분류한다. 태양의 아들 정진인.

태양의 아들

2019. 12. 30. 15:33

2004년 후천시대 자연의 섭리 태지산물 대한민국 태극기 빛의 영원 태양신 정도령 하나님의 형상화로 제작된 태극기다. 이긴 자동방 한반도 메시아 정도령 본 태극기는 천지의 문이 되어 영혼, 마귀, 잡귀, 병마귀 등을 천지 밖으로 분류한다. 태양의 아들 정진인.

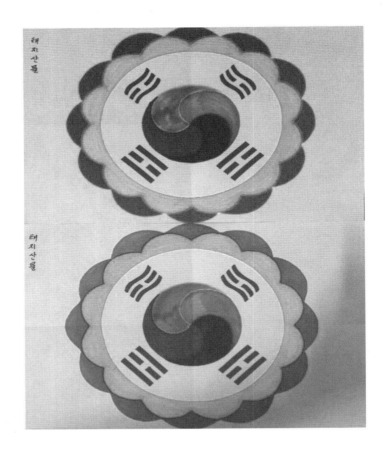

태양의 아들

2019. 12. 24. 15:23

    2004년 후천시대 자연의 섭리 태지산물 대한민국 태극기 빛의 영원 태양신 정도령 하나님의 형상화로 제작된 태극기다. 이긴 자동방 한반도 메시아 정도령 본 태극기는 천지의 문이 되어 영혼, 마귀, 잡귀, 병마귀 등을 천지 밖으로 분류한다. 후천시대 흐름이다. 태양의 아들 정진인….

태양의 아들

2019. 12. 21. 16:42

　2004년 후천시대 자연의 섭리 태지산물 대한민국 태극기 이긴 자 동방 한반도 메시아 정도령. 본 태극기는 빛의 영원 하나님의 형상화로 제작된 태극기다. 본 태극기는 천지의 문이 되어 생명체의 영혼, 마귀, 잡귀, 병마귀 등을 천지 밖으로 분류한다. 후천시대는 이미 시작되어 있다. 태양의 아들 정진인….

태양의 아들

2019. 12. 20. 16:09

2004년 후천시대 자연의 섭리 태지산물 대한민국 태극기 이긴자 동방 한반도 메시아 정도령. 빛의 영원 태양신 정도령 하나님 지상에 방문하시다. 낮에는 근로 노동자, 밤에는 많은 영혼, 마귀, 잡귀, 병마귀 등을 천지 밖으로 분류한다. 태양의 아들 정진인….

하나님의 형상화로 제작된 태극기

2019. 12. 18. 17:52

2004년 후천시대 자연의 섭리 태지산물 대한민국 태극기. 빛의
영원 태양신 정도령 하나님의 형상화로 제작된 태극기다. 이긴 자
동방 한반도 메시아 정도령. 본 태극기는 천지의 문이 되어 영혼,
마귀, 잡귀, 병마귀 등을 천지 밖으로 분류한다. 후천시대 흐름이
다. 태양의 아들 정진인.

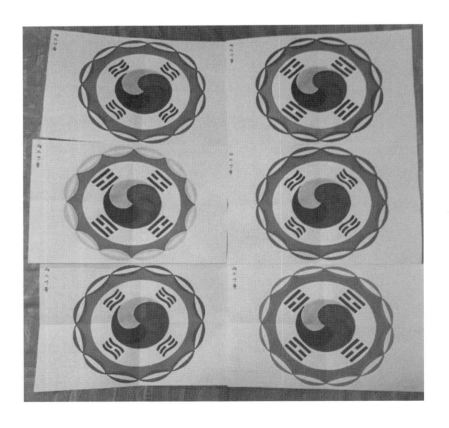

이긴 자 동방 한반도 메시아 정도령

2019. 12. 17. 14:11

2004년 후천시대 자연의 섭리 태지산물 대한민국 태극기 빛의 영원 태양신 정도령 하나님의 형상화로 제작된 태극기다. 이긴 자 동방 한반도 메시아 정도령. 본 태극기는 천지의 문이 되어 영혼, 마귀, 잡귀, 병마귀 등을 천지 밖으로 분류한다. 후천시대 흐름이다. 태양의 아들 정진인.

천지의 문

2019. 12. 15. 14:35

2004년 후천시대 자연의 섭리 태지산물 대한민국 태극기 빛의 영원 태양신 정도령 하나님의 형상화로 제작된 태극기다. 이긴 자 동방 한반도 메시아 정도령. 본 태극기는 천지의 문이 되어 영혼, 마귀, 잡귀, 병마귀 등을 천지 밖으로 분류한다. 태양의 아들 정진인….

인간사는 인간답게 살아가리라

2019. 12. 14. 18:53

2004년 후천시대 자연의 섭리 태지산물 대한민국 태극기 빛의 영원 태양신 정도령 하나님의 형상화로 제작된 태극기다. 이긴 자 동방 한반도 메시아 정도령. 본 태극기는 천지의 문이 되어 영혼, 마귀, 잡귀, 병마귀 등을 천지 밖으로 분류함에 인간사는 인간답게 살아가리라. 태양의 아들 정진인….

인간사 생명수

2019. 12. 12. 18:22

2004년 후천시대 자연의 섭리 태지산물 대한민국 태극기 이긴 자 동방 한반도 메시아 정도령. 본 태극기는 빛의 영원 하나님의 형상화로 제작된 태극기다. 본 태극기는 후천시대 천지의 문이 되어 영혼, 마귀, 잡귀, 병마귀 등을 천지 밖으로 분류한다. 인간사 생명수가 되리라. 태양의 아들 정진인….

천지의 문

2019. 12. 11. 12:57

2004년 후천시대 자연의 섭리 태지산물 대한민국 태극기 빛의 영원 태양신 정도령 하나님의 형상화로 제작된 태극기다. 이긴 자 동방 한반도 메시아 정도령. 본 태극기는 천지의 문이 되어 영혼, 마귀, 잡귀, 병마귀 등을 천지 밖으로 분류한다. 태양의 아들 정 진인….

후천시대 행복한 삶을 살아가리라

2019. 12. 5. 16:31

 2004년 후천시대 자연의 섭리 태지산물 대한민국 태극기 빛의 영원 태양신 정도령 하나님의 형상화로 제작된 태극기다. 이긴 자 동방 한반도 메시아 정도령. 본 태극기는 천지의 문이 되어 영혼, 마귀, 잡귀, 병마귀 등을 천지 밖으로 분류한다. 고로 인간사 생명수가 되어 후천시대 행복한 삶을 살아가리라. 태양의 아들 정진인….

태양의 아들

2019. 12. 1. 15:10

2004년 후천시대 자연의 섭리 태지산물 대한민국 태극기 빛의 영원 태양신 정도령 하나님의 형상화로 제작된 태극기다. 이긴 자 동방 한반도 메시아 정도령. 본 태극기는 천지의 문이 되어 영혼, 마귀, 잡귀, 병마귀 등을 천지 밖으로 분류한다. 천택지인 정법으로 세상사를 구원하리라. 태양의 아들 정진인….

247

천지 밖으로 분류한다

2019. 11. 29. 14:59

2004년 후천시대 자연의 섭리 태지산물 대한민국 태극기 빛의 영원 태양신 정도령 하나님의 형상화로 제작된 태극기다. 이긴 자 동방 한반도 메시아 정도령. 본 태극기는 천지의 문이 되어 생명체의 영혼, 마귀, 잡귀, 병마귀 등을 천지 밖으로 분류한다. 태양의 아들 정진인.

세상사를 구원한다

2019. 11. 23. 16:21

2004년 후천시대 자연의 섭리 태지산물 대한민국 태극기 천택지인 정법으로 세상사를 구원한다. 이긴 자 동방 한반도 메시아 정도령. 본 태극기는 빛의 영원 하나님의 형상화로 제작한 대한민국 태극기요, 고로 천지의 문이다. 인간사 생명수가 되어 후천시대를 빛낼 대한민국 태지산물 태극기다. 태양의 아들 정진인…

빛의 영원 태양신

2019. 11. 18. 16:25

2004년 후천시대 자연의 섭리 태지산물 대한민국 태극기 빛의 영원 태양신 정도령 하나님의 형상화로 제작된 태극기다. 이긴 자동방 한반도 메시아 정도령 인간사와 얽혀 살아온 영혼, 마귀, 잡귀, 병마귀 등을 천지 밖으로 분류함에 본 태극기는 천지의 문이다. 고로 인간사 생명수가 되리라. 태양의 아들 정진인….

천지의 문

2019. 11. 14. 14:44

2004년 후천시대 자연의 섭리 태지산물 대한민국 태극기 이긴 자 동방 한반도 메시아 정도령. 본 태극기는 빛의 영원 하나님의 형상화로 제작된 태극기다. 우주만물과 지구 자연 속의 생명체의 영혼, 마귀, 잡귀, 병마귀 등을 천지 밖으로 분류함에 인간사는 인간답게 살아가리라. 고로 천지의 문이다. 인간사 생명수요, 세계일화요, 인류의 모든 역사가 변화하여 즐겁고 행복한 평등 세상이 되어 지구 세상이 평온하리라. 태양의 아들 정진인….

하나님의 형상화로 제작된 태극기

2019. 11. 13. 14:11

2004년 후천시대 자연의 섭리 태지산물 대한민국 태극기 이긴자 동방 한반도 메시아 정도령. 본 태극기는 빛의 영원 태양신 정도령 하나님의 형상화로 제작된 태극기다. 후천시대 천지의 문이 되어 영혼, 마귀, 잡귀, 병마귀 등을 천지 밖으로 분류한다. 태양의 아들 정진인.

대한민국 국민 여러분, 당부합니다

2019. 11. 11. 16:21

2004년 후천시대 자연의 섭리 태지산물 대한민국 태극기 이긴 자 동방 한반도 메시아 정도령. 빛의 영원 태양신 정도령 하나님의 형상화다. 대한민국은 세계 일등 국가가 되어야 하는데 현실을 보자면 집회를 하며 나라의 혼란만 자처한다. 대한민국은 모든 당을 없애고 하나의 당 체제로 이룩하여야 한다. 싸움과 분란이 없는 대한민국 정치 세계사가 배우며 살아갈 것입니다. 하루 빨리 하나의 당 체제를 이룩합시다. 대한민국 국민 여러분, 당부합니다. 태양의 아들 정진인.

인간사 화합

2019. 11. 8. 18:40

  2004년 후천시대 자연의 섭리 태지산물 대한민국 태극기 빛의 영원 태양신 정도령 하나님의 형상화로 제작된 태극기다. 본 태극기는 인간사와 얽혀 살아온 영혼, 마귀, 잡귀, 병마귀 등을 천지 밖으로 분류하고 인간사 화합 속에 지구 세상에 평등함과 행복, 즐거움으로 풍미작렬 하리라. 태양의 아들 정진인….

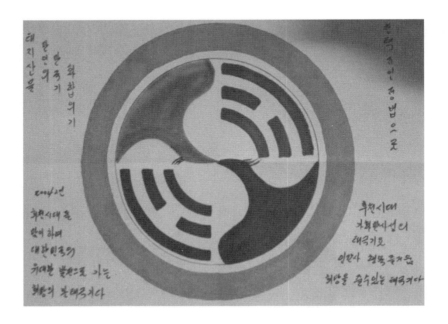

천택지인 정법

2019. 11. 5. 15:33

2004년 후천시대 자연의 섭리 태지산물 대한민국 태극기 천택지인 정법으로 세상사를 구원한다. 이긴 자 동방 한반도 메시아 정도령 인간사와 얽혀 살아온 영혼, 마귀, 잡귀, 병마귀 등을 천지 밖으로 분류함에 인간사는 진화 속에 이백세를 풍미작렬 하리라. 본 태극기는 빛의 영원 하나님의 형상화다. 고로 천지의 문이다. 태양의 아들 정진인···.

태양의 아들

2019. 11. 1. 20:54

2004년 후천시대 자연의 섭리 태지산물 대한민국 태극기 빛의 영원 태양신 정도령 하나님의 형상화로 제작된 태극기다. 이긴 자 동방 한반도 메시아 정도령. 본 태극기는 천지의 문이 되어 영혼, 마귀, 잡귀, 병마귀 등을 천지 밖으로 분류한다. 태양의 아들 정진인….

인간사는 인간답게 살아가리라

2019. 10. 31. 16:50

2004년 후천시대 자연의 섭리 태지산물 대한민국 태극기 이긴
자 동방 한반도 메시아 정도령. 본 태극기는 빛의 영원 하나님의 형
상화로 제작한 대한민국 태극기요, 이긴 자의 천지의 문이다. 얽혀
살아온 인간사로부터 영혼, 마귀, 잡귀, 병마귀 등을 천지 밖으로
분류함에 인간사는 인간답게 살아가리라. 태양의 아들 정진인.

태양의 아들

2019. 10. 28. 16:48

2004년 후천시대 자연의 섭리 태지산물 대한민국 태극기 이긴 자 동방 한반도 메시아 정도령. 본 태극기는 빛의 영원 하나님의 형상화로 제작한 대한민국 태극기요, 또한 천지의 문이 되어 생명체의 영혼, 마귀, 잡귀, 병마귀 등을 천지 밖으로 분류한다. 태양의 아들 정진인….

천지의 문

2019. 10. 27. 15:13

　2004년 후천시대 자연의 섭리 태지산물 대한민국 태극기 이긴 자 빛의 영원 태양신 정도령 하나님의 형상화로 제작된 태극기다. 본 태극기는 후천시대 인간사 생명수요, 세계일화요, 얽혀 살아온 영혼, 마귀, 잡귀, 병마귀 등을 천지 밖으로 분류한다. 고로 천지의 문이다. 태양의 아들 정진인….

후천시대 흐름

2019. 10. 18. 15:18

2004년 후천시대 자연의 섭리 태지산물 대한민국 태극기 이긴 자 동방 한반도 메시아 정도령. 본 태극기는 빛의 영원 하나님의 형상화로 제작한 대한민국 태극기요, 본 태극기는 이긴 자의 천지의 문이다. 인간사와 얽혀 살아온 영혼, 마귀, 잡귀, 병마귀 등을 천지 밖으로 분류한다. 후천시대 흐름이다. 태양의 아들 정진인….

빛의 영원 태양신 정도령 하나님의 형상화다

2019. 10. 17. 14:42

2004년 후천시대 자연의 섭리 태지산물 대한민국 태극기 이긴자 동방 한반도 메시아 정도령. 빛의 영원 태양신 정도령 하나님의 형상화다. 중생들이 걱정했던 인간사의 마귀, 잡귀, 영혼, 병마귀 등을 본 태극은 천지 밖으로 분류함에 인간사는 정진인으로 살아갈 수 있다. 고로 후천시대 대한민국 태극기다. 천택지인 정법으로 세상사를 구원하리라.

빛의 영원

2019. 10. 16. 17:05

2004년 후천시대 자연의 섭리 태지산물 대한민국 태극기 이긴 자 동방 한반도 메시아 정도령. 빛의 영원 태양신 정도령 하나님의 형상화로 제작된 태극기다. 본 태극기는 천지의 문이 되어 생명체의 영혼, 마귀, 잡귀, 병마귀 등을 천지 밖으로 분류한다. 태양의 아들 정진인….

천지의 문

2019. 10. 12. 16:03

2004년 후천시대 자연의 섭리 태지산물 대한민국 태극기 빛의 영원 태양신 정도령 하나님의 형상화로 제작된 태극기다. 이건 자동방 한반도 메시아 정도령. 본 태극기는 천지의 문이 되어 생명체의 영혼, 마귀, 잡귀, 병마귀 등을 천지 밖으로 분류할 수 있다. 태양의 아들 정진인….

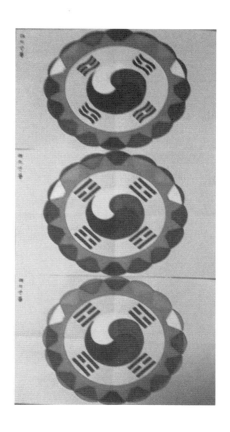

후천시대 천지의 문

2019. 10. 9. 16:06

2004년 후천시대 자연의 섭리 태지산물 대한민국 태극기 이긴 자 동방 한반도 메시아 정도령. 빛의 영원 태양신 정도령 하나님의 형상화로 제작된 태극기다. 본 태극기는 후천시대 천지의 문이 되어 생명체의 영혼, 마귀, 잡귀, 병마귀 등을 천지 밖으로 분류한다. 태양의 아들 정진인….

평등 세상

2004년 후천시대 자연의 섭리 태지산물 대한민국 태극기 이긴 자 동방 한반도 메시아 정도령. 빛의 영원 태양신 정도령 하나님의 형상화로 제작된 태극기다. 후천시대 부모가 있는 미성년자는 집과 부동산을 소유할 수 없어야 한다. 인간사 욕심, 악행을 없애기 위하고 평등 세상을 만들어간다. 태양의 아들 정진인….

265

태양의 아들

2019. 10. 5. 15:22

2004년 후천시대 자연의 섭리 태지산물 대한민국 태극기 선천시대 인간사는 영혼, 마귀, 잡귀, 병마귀 등과 얽혀 살아왔다. 현재는 후천시대다. 모든 영혼을 천지 밖으로 분류한다. 고로 천지의 문이다. 후천시대 대한민국 태지산물 태극기는 세상사를 구원하리라. 태양의 아들 정진인.

266

동방 한반도 메시아 정도령

2019. 10. 3. 14:35

2004년 후천시대 자연의 섭리 태지산물 대한민국 태극기 빛의 영원 이긴 자 동방 한반도 메시아 정도령. 본 태극기는 빛의 영원 하나님의 형상화로 제작된 태극기 천지의 문이 되어 생명체의 영혼, 마귀, 잡귀, 병마귀 등을 천지 밖으로 분류한다. 태양의 아들 정진인.

아름다운 자연 속에 인간사가 행복, 즐거움으로 영원토록 번창하기를

2019. 9. 22. 14:00

2004년 후천시대 자연의 섭리 태지산물 대한민국 태극기 빛의 영원 태양신 정도령. 하나님 이긴 자 동방 한반도 메시아 정도령. 본 태극기는 대한민국 태극기와 아리랑 태극기로 만들어진 아름다운 자연 속에 인간사가 행복, 즐거움으로 영원토록 번창하기를 기원한다. 태양의 아들 정진인.

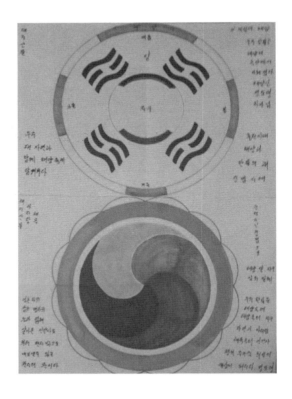

태양의 아들

2019. 9. 19. 16:24

 2004년 후천시대 자연의 섭리 태지산물 대한민국 태극기 이긴 자 동방 한반도 메시아 정도령. 하나님의 형상화로 제작된 본 태극기는 천지의 문이 되어 영혼, 마귀, 잡귀, 병마귀 등을 천지 밖으로 분류한다. 후천시대 흐름이다. 영혼 없는 지구의 희망이요, 즐거움이 넘치는 세상이 된다. 태양의 아들 정진인.

본 태극기과 함께 후천시대가 이미 시작되었다

2019. 9. 17. 16:07

2004년 후천시대 자연의 섭리 태지산물 대한민국 태극기 빛의 영원 태양신 정도령 하나님의 형상화로 제작된 태극기다. 이긴 자 동방 한반도 메시아 정도령. 본 태극기는 천지의 문이 되어 생명체의 영혼 등을 천지 밖으로 분류한다. 인간사와 얽혀 살아온 영혼, 마귀, 잡귀, 병마귀 등을 분류함에 인간사는 인간답게 살아가리라. 본 태극기과 함께 후천시대가 이미 시작되었다. 태양의 아들 정진인.

태양의 아들

2019. 9. 16. 15:51

2004년 후천시대 자연의 섭리 태지산물 대한민국 태극기 빛의 영원 태양신 정도령 하나님의 형상화로 제작한 대한민국 태극기요, 이긴 자 동방 한반도 메시아 정도령 인간사와 얽혀 살아온 영혼, 마귀, 잡귀, 병마귀 등을 천지 밖으로 분류한다. 후천시대 영혼 등과 분류하여 인간답게 살아가리라. 태양의 아들 정진인.

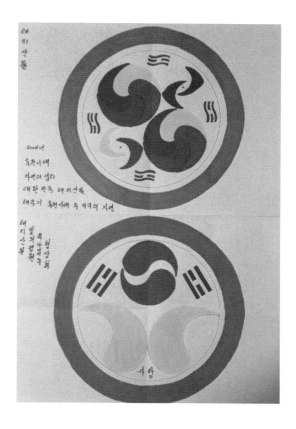

인간사 얼굴 형상

2019. 9. 12. 12:04

　　2004년 후천시대 자연의 섭리 태지산물 대한민국 태극기. 본 태극기는 빛의 영원 태양신 정도령 하나님의 형상화로 제작된 태극기다. 본 태극기의 문양은 태양, 달, 지구, 삼위일체와 우주만물로 상징함에 인간사 생명수다. 본 태극기 태양의 모습은 봄, 여름, 가을, 겨울의 모습이며, 인간사 얼굴 형상이다. 얼굴 형상 속에 흐름 만물의 4괘를 넣어 중심을 잡아두다 이 모두가 합의일체 태양신 정도령 하나님이다.

272

위대한 대한민국의 미래는 밝은 태양 아래 더욱 빛나리라

2019. 9. 5. 14:53

2004년 후천시대 자연의 섭리 태지산물 대한민국 태극기 이긴 자 동방 한반도 메시아 정도령. 빛의 영원 태양신 정도령 하나님의 형상화로 제작된 태극기다. 후천시대 대한민국의 무궁한 발전을 이룩하며 세계로 세계로 펼쳐 나아간다. 위대한 대한민국의 미래는 밝은 태양 아래 더욱 빛나리라. 태양의 아들 정진인….

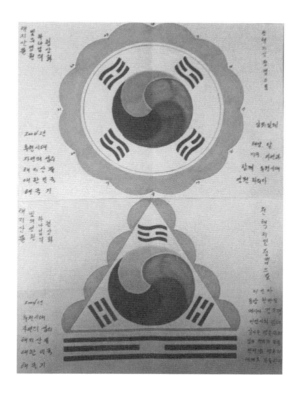

우주만물의 아름다움

2019. 9. 4. 18:39

2004년 후천시대 자연의 섭리 태지산물 대한민국 태극기 빛의 영원 태양신 정도령 하나님의 형상화로 제작된 태극기다. 이긴 자 동방 한반도 메시아 정도령. 본 태극기는 우주만물의 아름다움을 담은 것이다. 그리고 생명체의 영혼, 마귀, 잡귀, 병마귀 등을 천지 밖으로 분류할 수 있는 천지의 문이 되리라. 태양의 아들 정진인.

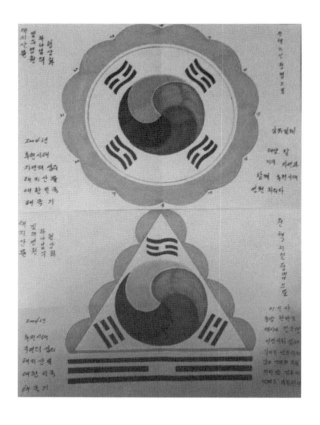

태극기는 천지의 문

2019. 9. 3. 15:34

　2004년 후천시대 자연의 섭리 태지산물 대한민국 태극기 이긴자 빛의 영원 태양신 정도령 하나님의 형상화로 제작한 대한민국 태극기요, 본 태극기는 우주만물의 아름다움을 표현하는 것이다. 또한 태극기는 천지의 문이 되어 생명체의 영혼 등을 천지 밖으로 분류함에 인간사는 인간답게 살아가리라. 태양의 아들 정진인.

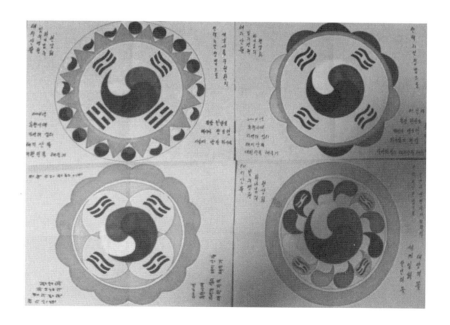

태양의 신으로 지상에 방문하시다

2019. 9. 2. 15:53

2004년 후천시대 자연의 섭리 태지산물 대한민국 태극기 빛의 영원 태양신 정도령 하나님의 형상 동방 한반도 메시아 정도령 태양의 신으로 지상에 방문하시다. 임영일과 동명이인으로 낮에는 근로노동자, 밤에는 변화무상 정도령 하나님의 형상을 자연의 섭리 태지산물 대한민국 태극기에 담아두고 인간사와 얽혀 살아온 영혼, 마귀, 잡귀, 병마귀 등을 천지 밖으로 분류한다. 태양의 아들 정진인.

아름다운 세상을 구축하노라

2019. 9. 1. 15:45

2004년 후천시대 자연의 섭리 태지산물 대한민국 태극기 빛의 영원 태양신 정도령 하나님의 형상화로 제작된 태극기다. 우주만물과 지구 자연의 섭리 태지산물 대한민국 태극기와 함께 세상사를 구원한다. 천택지인 정법으로 하늘의 뜻을 이어받아 아름다운 세상을 구축하노라. 태양의 아들 정진인.

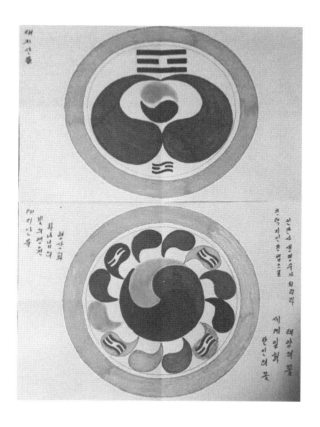

대한민국 태극기

우주 만물 자연과 함께 그 자체

2019. 8. 30. 18:28

2004년 후천시대 자연의 섭리 태지산물 대한민국 태극기 빛의 영원 태양신 정도령 하나님의 형상화로 제작된 태극기다. 본 태극기는 후천시대 인간사의 생명수요, 인간사의 모든 뜻과 지구의 운명을 담겨둔 후천시대 대한민국 태극기다. 인간사 원조의 태극, 만물의 태극, 만인의 태극기다. 후천시대 지구 인간사와 지구운명이 담겨 영원토록 보전하기 위함이다. 형상 없는 정도령 하나님 본체를 사물로 나타냅니다. 변화무상 정도령 하나님의 형상은 우주 만물 자연과 함께 그 자체다. 빛을 보고 사물을 볼 수 있는 자체가 하나님이다.

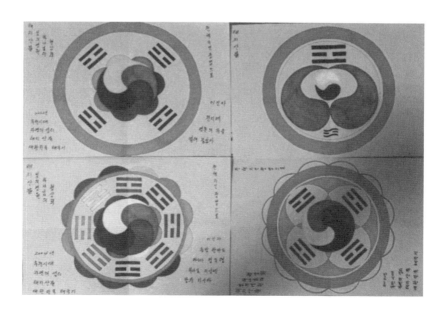

279

이긴 자에 대하여

2019. 8. 29. 15:25

　2004년 후천시대 자연의 섭리 태지산물 대한민국 태극기 이긴 자. 이긴 자에 대하여. 이긴 자란 선천시대의 생명체의 죽은 모든 영혼, 신 등을 이기는 것이다. 신의 세계는 위계질서가 확실하다. 이긴 자에게 모두 순종, 복종하고 떠난다. 천지 밖 영혼의 세계로, 흔히 종교계분들 글 내용을 보면 모순된 글을 본다. 나는 그 어느 신일지라도 흡수하여 천지 밖으로 내보낼 수가 있다. 천택지인 정법으로. 천택지인이란 정도령 하나님, 석가, 예수, 공자, 노자 등 선천시대 많은 영혼과 함께인 말씀이다. 인간사가 영혼의 신의 믿음으로 종교가 번창하였다. 이제는 후천시대다. 영혼의 신을 믿는 세상이 아니다. 빛의 영원 태양신 정도령 하나님의 믿음만 존재할 뿐이다. 이것이 후천시대다. 정도령 하나님의 형상화로 제작된 자연의 섭리 태지산물 대한민국 태극기다. 태양인 임영일.

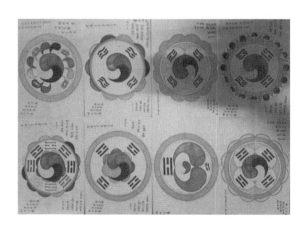

정도령에 대하여

2019. 8. 28. 16:38

2004년 후천시대 자연의 섭리 태지산물 대한민국 태극기 정도령에 대하여. 대한민국에는 무속인들이 유난히 정도령 이름을 많이 쓴다. 정도령은 빛의 영원 태양신 하나님의 성함이다. 어리석은 죽은 영혼의 믿음으로 인간사 점술을 봐주며 점술이란 일부분만 알 수 있는 것입니다. 인간사는 스스로 노력과 함께 풍요로움을 만끽할 수 있다.

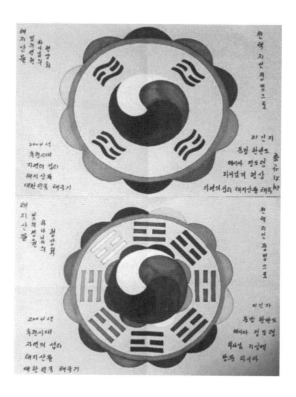

이긴 자 동방 한반도 메시아 정도령

2019. 8. 26. 15:55

 2004년 후천시대 자연의 섭리 태지산물 대한민국 태극기 빛의 영원 태양신 정도령 하나님의 형상화로 제작한 대한민국 태극기요, 이긴 자 동방 한반도 메시아 정도령 영혼, 마귀, 잡귀, 병마귀 등과 얽혀 살아온 인간사로부터 천지 밖 영혼의 세계로 분류하여 인간사가 인간답게 살게 된다. 태양의 아들 정진인.

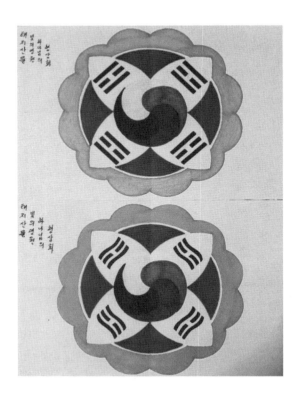

태극기 천지의 문

2019. 8. 23. 17:09

2004년 후천시대 자연의 섭리 태지산물 대한민국 태극기 이긴 자 동방 한반도 메시아 정도령. 본 태극기 천지의 문이요, 하나님의 형상이요, 세계일화요, 인간사 생명수요, 후천시대 대한민국의 무궁한 발전을 이룩하며 세계로 세계로 펼쳐 나아간다. 태양의 아들 정진인….

후천시대 흐름

2019. 8. 21. 15:42

2004년 후천시대 자연의 섭리 태지산물 대한민국 태극기 이긴 자 동방 한반도 메시아 정도령. 본 태극기는 하늘 천지의 문이 되어 생명체의 영혼 등을 천지 밖으로 분류할 수 있다. 인간사는 영혼 등의 지배 속에서 해방되어 인간답게 살아가리라. 고로 후천시대 흐름이다. 태양의 아들 정진인.

후천시대 대한민국 태극기

2019. 8. 19. 17:05

　2004년 후천시대 자연의 섭리 태지산물 대한민국 태극기 이긴 자 동방 한반도 메시아 정도령. 본 태극기는 영혼, 마귀, 잡귀, 병마귀 등을 천지 밖으로 분류할 수 있는 천지의 문이 되어 인간사가 영혼, 마귀 등으로부터 해방되어 인간답게 살아가기 위함으로 만들어낸 후천시대 대한민국 태극기다. 태양의 아들 정진인….

정도령 천지의 문을 열어두었다

2019. 8. 18. 14:02

2004년 후천시대 자연의 섭리 태지산물 대한민국 태극기 빛의 영원 태양신 정도령 하나님의 형상화로 제작한 대한민국 태극기. 이 긴 자 동방 한반도 메시아 정도령 천지의 문을 열어두었다. 영혼, 마귀, 잡귀, 병마귀 등을 천지 밖으로 분류하여 고이 잠들게 하리라. 태양의 아들 정진인.

하늘의 뜻을 이어받아 정도령 세상사를 구원한다

2019. 8. 17. 17:57

2004년 후천시대 자연의 섭리 태지산물 대한민국 태극기 빛의 영원 태양신 정도령 하나님의 형상화로 제작된 태극기다. 태극기에 우주 만물과 지구 자연사, 모든 것을 담아 대한민국의 상징으로 천택지인 정법으로 하늘의 뜻을 이어받아 정도령 세상사를 구원한다.

세계로 세계로

2019. 8. 16. 16:14

　2004년 후천시대 자연의 섭리 태지산물 대한민국 태극기 후천시대 태지산물 대한민국 태극기와 아리랑 태극기로 세상사가 변천의 시점에 이르다. 밝아오는 대한민국의 자연의 섭리 태지산물 태극기와 함께 위대한 나라로 성장시키고 세계로 세계로 펼쳐 나아가리라. 태양의 아들 정진인.

영혼의 신을 믿는 모든 종교도 사라진다

2019. 8. 15. 16:04

2004년 후천시대 자연의 섭리 태지산물 대한민국 태극기 빛의 영원 태양신 정도령 하나님의 형상화로 제작한 대한민국 태극기. 본 태극은 천지의 문이요, 모든 영혼, 마귀, 잡귀, 병마귀 등을 천지 밖 영혼의 세계로 집합시켜 고이 잠들게 하리라. 이것이 후천시대 흐름의 시작이다. 영혼 없는 세상, 병마 없는 세상이 된다. 영혼의 신을 믿는 모든 종교도 사라진다. 후천시대는 정도령 하나님 믿음에 살아가게 되리라. 태양의 아들 정진인.

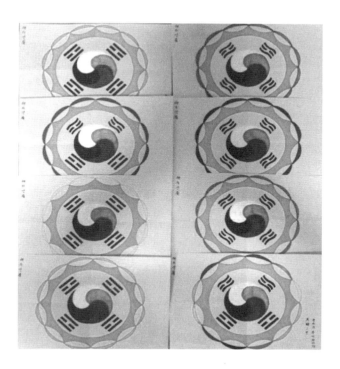

그 누구도 할 수 없는 일

2019. 8. 14. 15:18

2004년 후천시대 자연의 섭리 태지산물 대한민국 태극기. 빛의 영원 정도령 하나님 인류역사 6천 년의 세월이 이르러 내려오셨습니다. 처음이자 마지막으로 지상에 방문하시게 되었습니다. 태양의 아들 정진인. 본명 임영일은 태양신 정도령 하나님을 다이렉트로 몸에 받았다. 그 누구도 할 수 없는 일, 앞으로도 인간사는 하나님의 영원을 모셔올 수 없다. 아무리 인간사가 발달해도 더 이상 하나님을 지상에 모셔올 수 없다.

태양의 아들

2019. 8. 13. 16:23

　2004년 후천시대 자연의 섭리 태지산물 대한민국 태극기 이긴 자. 빛의 영원 동방 한반도 메시아 정도령. 후천시대 대한민국 태극기요, 천지의 문이요, 인간사 생명수요, 세계일화요, 인간사와 얽혀 살아온 영혼, 마귀, 잡귀, 병마귀 등을 천지 밖으로 분류한다. 후천시대는 죽은 영혼을 믿지 않는다. 형상 없는 빛의 영원 태양신 정도령 하나님 믿음에 살아가리라. 태양의 아들 정진인.

본 태극기는 인간사 생명수

2019. 8. 12. 18:01

2004년 후천시대 자연의 섭리 태지산물 대한민국 태극기 빛의 영원 태양신 정도령 하나님의 형상화로 제작한 대한민국 태극기요, 이긴 자 동방 한반도 메시아 정도령. 본 태극기는 인간사 생명수요, 세계일화요, 천지의 문이 되어 생명체의 모든 영혼을 천지 밖으로 분류한다. 태양의 아들 정진인.

천지의 문

2019. 8. 11. 16:00

  2004년 후천시대 자연의 섭리 태지산물 대한민국 태극기 이긴
자 동방 한반도 메시아 정도령 천택지인 정법으로 세상사를 구원한
다. 영혼의 지배 속에 살아온 세상사를 구원하고자 대한민국 태극
기와 천지의 문을 열어 영혼, 마귀, 잡귀, 병마귀 등을 천지 밖으로
분류한다.

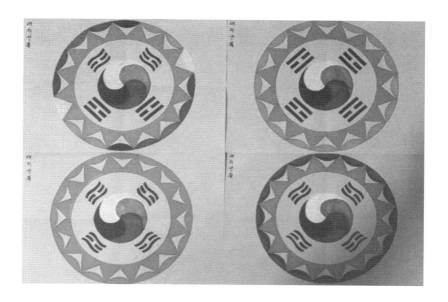

천지 밖으로 분류함에 인간사는 인간답게 살아가리라

2019. 8. 10. 15:34

2004년 후천시대 자연의 섭리 태지산물 대한민국 태극기 이긴 자 동방 한반도 메시아 정도령 천택지인 정법으로 세상사를 구원하고자 후천시대 대한민국 태극기를 만들고, 천지의 문을 만들어 영혼, 마귀, 잡귀, 병마귀 등을 천지 밖으로 분류함에 인간사는 인간답게 살아가리라. 고로 세계일화요, 만인의 행복, 즐거움, 희망으로 인간사 이백 세로 풍미작렬 하리라. 후천시대 흐름이다. 태양의 아들 정진인⋯.

오로지 태양신 정도령 하나님만 존재한다

2019. 8. 7. 17:44

2004년 후천시대 자연의 섭리 태지산물 대한민국 태극기 빛의 영원 태양신 정도령 하나님의 형상화로 제작한 대한민국 태극기요, 본 태극기는 후천시대를 이끌어갈 대한민국 태극기다. 또한 영혼 등을 천지 밖으로 보낼 수 있는 천지의 문이 되어 생명체의 영혼을 계속 천지 밖으로 분류하며 살아가야 인간사는 인간답게 살아갈 수 있다. 후천시대는 영혼, 마귀 등등을 믿지 않는다. 없기 때문에 현실의 모든 종교는 죽은 영혼을 두고 믿음으로 살아왔다. 이긴 자에 의하여 신이란 천지 안에 존재할 수 없다. 오로지 태양신 정도령 하나님만 존재한다. 후천시대 흐름이다. 태양의 아들 정진인.

후천시대 자연의 섭리

2019. 8. 6. 19:24

    2004년 후천시대 자연의 섭리 태지산물 대한민국 태극기 이긴 자 빛의 영원 태양신 정도령 하나님 형상화로 제작된 태극기다. 인간사와 얽혀 살아온 영혼, 마귀, 잡귀, 병마귀 등을 천지 밖으로 분류한다. 후천시대 자연의 섭리 태지산물 대한민국 태극기와 함께 세상사를 구원하리라. 태양의 아들 정진인.

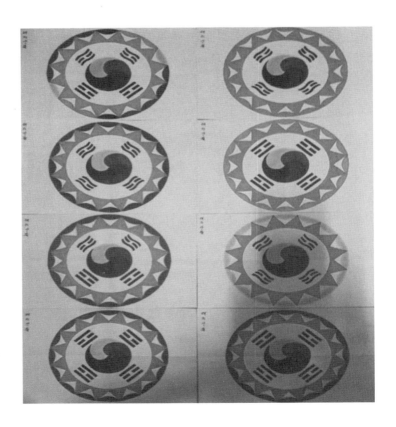

동명이인으로 살아갑니다

2019. 8. 6. 11:01

2004년 후천시대 자연의 섭리 태지산물 대한민국 태극기 이긴 자. 인간사를 지배하고 있었던 영혼, 마귀, 잡귀, 병마귀 등을 말한다. 이긴 자는 이미 신의 세계를 이기고 정복하였다. 그러므로 자연의 섭리 태지산물 대한민국 태극기로 하늘 천지의 문을 새겨 열어두고, 생명체와 인간사로부터 천지 밖으로 분류한다. 고로 본 태극기는 인간사 생명수요, 빛의 영원 태양신 정도령 하나님이다. 동방 한반도 메시아 정도령 태양의 아들 정진인. 본명 임영일과 동명이인으로 살아갑니다.

본 태극기는 천지의 문이 되어

2019. 8. 5. 16:15

　2004년 후천시대 자연의 섭리 태지산물 대한민국 태극기 빛의 영원 태양신 정도령 하나님의 형상화로 제작된 태극기다. 이긴 자 동방 한반도 메시아 정도령. 본 태극기는 천지의 문이 되어 생명체의 영혼 등은 천지 밖으로 분류함에 인간사는 인간답게 살아가리라. 태양의 아들 정진인.

낮에는 근로 노동자

2019. 8. 4. 15:00

2004년 후천시대 자연의 섭리 태지산물 대한민국 태극기 빛의 영원 태양신 정도령 하나님 지상에 방문하시다. 낮에는 근로 노동자, 밤에는 자연의 섭리 태지산물 대한민국 태극기를 그려 영혼 등을 천지 밖으로 분류한다. 임영일과 동명이인으로. 태양의 아들 정진인.

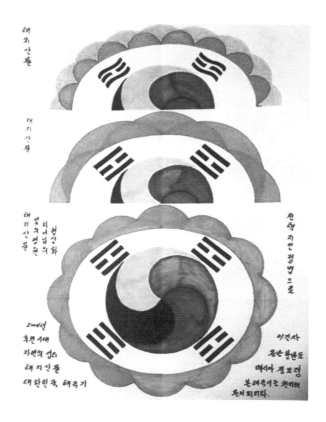

인간사가 변천할 시기

2019. 8. 3. 16:03

　2004년 후천시대 자연의 섭리 태지산물 대한민국 태극기 이긴 자 동방 한반도 메시아 정도령. 본 태극기는 하늘 천지의 문이다. 모든 영혼, 마귀, 잡귀, 병마귀 등을 천지 밖으로 분류할 수 있는 태극기다. 후천시대는 인간사가 정신 개조를 한다. 영혼의 지배 속에서 인류역사 육천여 선천시대는 끝나고, 후천시대가 시작 함께 인간사가 변천할 시기다. 태양의 아들 정진인.

후천시대를 열어 가리라

2019. 8. 2. 16:29

2004년 후천시대 자연의 섭리 태지산물 대한민국 태극기 이긴 자 빛의 영원 태양신 정도령 하나님의 천지문이다. 인간사와 얽혀 살아온 영혼, 마귀, 잡귀, 병마귀 등을 천지 밖으로 분류한다. 영혼의 지배 속에 살아온 인간사는 영혼으로부터 해방되어 진화하며 후천시대를 열어 가리라. 태양의 아들 정진인.

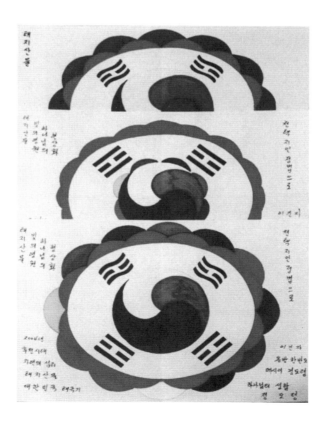

301

세상사를 구원하리라

2004년 후천시대 자연의 섭리 태지산물 대한민국 태극기 빛의 영원 태양신 정도령 하나님의 형상화로 제작된 태극기다. 이긴 자 동방 한반도 메시아 정도령. 대한민국으로부터 얽혀 살아온 영혼, 마귀, 잡귀, 병마귀 등을 천지 밖으로 분류한다. 후천시대 자연의 섭리 대한민국 태극기와 함께 세상사를 구원하리라. 이기자. 태양의 아들 정진인.

태지산물 2

펴 낸 날   2023년 11월 3일

지 은 이   임영일
펴 낸 이   임영일
펴 낸 곳   도서출판 태양성
출판등록   제 2018-000092 호
주   소   서울, 서대문구 북아현로 6길 37-13(북아현동)
이 메 일   yyii5001@daum.net
연 락 처   010-9657-5001

• 책값은 표지 뒷면에 표기되어 있습니다.
  ISBN 979-11-965959-1-3(03200)